Die große Frage, die ich trotz meines 30-jährigen Studiums
der weiblichen Seele nicht zu beantworten vermag, lautet:
Was will eine Frau eigentlich?

SIGMUND FREUD

Und ohne dreißigjähriges Studium
geht's mir auch nicht besser.

FLORIAN SCHROEDER

FLORIAN SCHROEDER

FRAUEN.

FAST EINE LIEBES-ERKLÄRUNG

Rowohlt Taschenbuch Verlag

FLORIAN SCHROEDER (Jg. 1979) hat Germanistik und Philosophie in Freiburg studiert. Heute steht er als Kabarettist, Moderator und Redner auf den großen Bühnen. Im Fernsehen moderiert er die «Spätschicht» (SWR/ARD). Außerdem ist er regelmäßig Gastgeber der «radioeins Satireshow» (rbb) im TIPI am Kanzleramt Berlin. Für seine Arbeit erhielt er zahlreiche Preise und Auszeichnungen. Er ist gern gesehener Gast in den großen Kabarett- und Talkshows. Als Kolumnist schreibt er regelmäßig für «Psychologie heute». Florian Schroeder lebt in Berlin.

Hinweis: Eine Liste der Bücher und Artikel, die mich beim Schreiben dieses Buches inspiriert haben, habe ich auf meiner Homepage unter www.florian-schroeder.com/frauen zusammengestellt. Dort finden Sie auch alle konkreten Quellen- und Literaturnachweise.

Aus Verantwortung für die Umwelt haben sich die Rowohlt Verlage zu einer nachhaltigen Buchproduktion verpflichtet. Der bewusste Umgang mit unseren Ressourcen, der Schutz unseres Klimas und der Natur gehören zu unseren obersten Unternehmenszielen. Gemeinsam mit unseren Partnern und Lieferanten setzen wir uns für eine klimaneutrale Buchproduktion ein, die den Erwerb von Klimazertifikaten zur Kompensation des CO_2-Ausstoßes einschließt.
Weitere Informationen finden Sie unter: www.klimaneutralerverlag.de

MIX
Papier aus verantwortungsvollen Quellen
FSC
www.fsc.org
FSC® C083411

Originalausgabe ▪ Veröffentlicht im Rowohlt Taschenbuch Verlag, Reinbek bei Hamburg, Juni 2017 ▪ Copyright © 2017 by Rowohlt Verlag GmbH, Reinbek bei Hamburg ▪ Umschlaggestaltung ZERO Media GmbH, München ▪ Redaktion Andy Hartard, HERBERT MANAGEMENT ▪ Illustration Florian Schroeder: Dani Muno, HERBERT MANAGEMENT ▪ Satz aus der Sonsbeek Eco bei Pinkuin Satz und Datentechnik, Berlin ▪ Druck und Bindung CPI books GmbH, Leck, Germany ▪ ISBN 978 3 499 63285 3 ▪ 4. Auflage März 2020

INHALT

VORWORT **7**

PARTNERSCHAFT **13**

SEX **44**

GELD **72**

FEMINISMUS **96**

MACHT **134**

NACHWORT **155**

DANKSAGUNG **158**

VORWORT

Vielleicht ist die Wahrheit ein Weib, das Gründe hat,
ihre Gründe nicht sehen zu lassen.

FRIEDRICH NIETZSCHE

Was muss die Frau sein? Sie muss topmodelmagerschlank sein, sie muss Kinder wollen, und sie muss sie im richtigen Moment wollen, also nicht mit 20, aber auch nicht mit 40. 20 ist zu früh, 40 zu spät. Sie muss also die richtige Anzahl Kinder mit dem perfekten Mann zum richtigen Zeitpunkt kriegen. Die richtige Anzahl, das ist nicht eins, das wäre ego, aber auch nicht fünf, das wäre assi. Wenn sie dann Kinder hat, muss sie arbeiten, Karriere machen – selbstbewusst sein, aber nicht als Emanze, feministisch organisiert, aber nicht verbissen, und vor allem: gut drauf. Und während sie Karriere macht, darf sie keine Rabenmutter sein, und während sie zu Hause ist, muss sie trotzdem Karriere machen, sie muss weiter topmodelmagerschlank sein, man darf ihr die Kinder, die sie gekriegt hat, nicht ansehen. Ihrem Partner muss sie außerdem Liebhaberin, Mutter, beste Freundin, alles auf einmal sein, und den Stress, den sie dabei hat, den DARF MAN NIEMALS SPÜREN!

Diese Sätze habe ich in einem Anflug kabarettistischer Atemlosigkeit in der *NDR Talk Show* in die Welt hinausgestoßen. Das war Anfang 2016. 50 Sekunden, die sich wie alles, was kurz und deftig ist, mit großer Dynamik viral verbreiteten. Typisch Mann: Möglichst viele Frauen mit 'ner schnellen Nummer aufreißen und sich dann nie wieder melden. Nicht mit mir, dachte ich und machte mich an die Beziehungsarbeit. Ich recherchierte, um zu verstehen, was hinter der gesellschaftlichen Veränderung, dem neuen Blick auf die Frau von heute steckt.

Frauen scheinen eher mehr mit den Anforderungen der Gegenwart zu hadern. Ihr Leben ist heute grundsätzlich anders als noch vor einer oder gar zwei Generationen. Es ist anspruchsvoller, komplexer, unvorhersehbarer.

Frauen wissen, was sie können, und damit steigt auch der Anspruch an uns Männer: Der Mann soll sensibel sein, aber stark dabei, er soll Augenhöhe bieten, aber am liebsten doch ein wenig älter und ein wenig reicher sein als die Frau selbst.

Frauen treffen Entscheidungen, auch in der Beziehung. Sie beginnen die Beziehungen, sie geben den Takt vor, und sie trennen sich schneller und kompromissloser: Sie sind weniger bereit, ein totes Pferd zu reiten, selbst wenn es noch zuckt. Frauen leben länger als Männer, und stirbt er tatsächlich vor ihr, sieht man Frauen plötzlich aufblühen, während der Witwer hilflos eingeht wie eine Primel. Ich kenne eine Frau, die hat nach dem Tod ihres Mannes den Trainerschein für Selbstverteidigungskurse absolviert. Mit 78!

Aber es gibt ein entscheidendes Problem: Im Kopf sind

wir im 21. Jahrhundert, emotional aber nach wie vor in der Steinzeit. Es ist paradox: Frauen bezahlen noch immer deutlich mehr beim Friseur, bei Douglas und wo sonst noch Zeugs rumsteht, von dem Männer glauben, dass Frauen es brauchen. Zugleich verdienen sie weniger, sind öfter alleinerziehend und bedeutend häufiger von Altersarmut betroffen. Jedes Kind frisst ihnen nicht nur die Haare vom Kopf, sondern auch die Rente aus der Tasche.

Im Job sollen Frauen auftreten wie Männer, werden dann aber als schwierig, zickig und hysterisch abgestempelt. Frauenquoten sollen sie auf der Karriereleiter nach oben bringen, wo sie dann als Quotenfrau im besseren Fall belächelt, im schlechteren angefeindet werden.

Und was ist überhaupt aus diesem Feminismus geworden? Ist er wirklich der Zombie, zu dem Alice Schwarzer ihn hat verkommen lassen? Spricht man mit Frauen, finden sie ihn wichtig, wollen aber lieber nichts damit zu tun haben. Irgendwie uncool, ein Männerschreck. Der Feminismus ist der Damenbart unter den Geschlechterfragen. Vielleicht ist er einfach nicht mehr anschlussfähig, erschöpft sich zu sehr in reflexhaftem Hashtag-Geschrei, dessen Lautstärke mit seiner Folgen- und Bedeutungslosigkeit zusammenfällt.

Was also ist die Frau von heute, warum ist sie so gestresst, warum hat sie es so schwer mit sich – und warum haben wir Männer es so schwer mit ihr? Diesen Fragen versucht dieses Buch nachzugehen. Aus der Sicht eines Mannes, was an sich schon ein Skandal ist, verschärft durch die Tatsache, dass er sich selbst für ein weißes, heterosexuelles und damit per se privilegiertes Mitt-End-dreißiger-Exemplar dieser ohnehin schon degenerierten Chromosomenfolge hält. Es droht also heteronormativer, eurozentristischer Unfug.

Da kann ich nur sagen: Jawoll, freuen Sie sich, liebe «Binnen-I», «_» und «X»-FetischistInnen, wir werden viel Spaß zusammen haben.

Und damit auch dies gleich vorweg geklärt ist: Frauen haben ihre Tage. Das war schon immer so und wird mit ziemlich hoher Wahrscheinlichkeit auch so bleiben. Und ob es PMS gibt oder nicht, ist mir so egal wie die Frage, ob gestern in China ein Handy explodiert ist. Dasselbe gilt für die Frage, warum Frauen nicht wissen, was sie anziehen sollen, ob sie prinzipiell zu viele Schuhe haben oder nicht einparken können. Wenn Sie darauf Antworten suchen, müssen Sie ins Olympiastadion Ihres Vertrauens eilen.

Aber Frauen können eben auch eine Konferenz leiten, verlorengegangene Schnuller wiederfinden, sich Geburtstage merken, zehn verschiedene Rottöne auseinanderhalten und Männern so viele Fragen stellen, dass sie die Antworten finden, die sie, die Frauen, hören wollten. Und das alles zur selben Zeit!

Dieses Buch ist der Versuch, einer Überlastung auf die Spur zu kommen, die kennzeichnend ist für die Zeit, in der wir leben. Insofern beschreibt es einen Übergang, in dem Erwartung und Enttäuschung näher beieinanderliegen als Wunsch und Erfüllung, in dem Anspruch und Wirklichkeit, Anstrengung und Belohnung oft nichts miteinander zu tun haben.

Frauen sind Jongleure des Lebens – sie werfen zehn Bälle nach oben und fangen sie irgendwie alle wieder auf, während Männer sich verbissen auf den einen Ball konzentrieren und ihn dann erst recht fallen lassen.

Fahren Frauen in den Urlaub, legen sie ihre Klamotten schon drei Wochen vorher auf acht verschiedene Stapel, für jedes Wetter, jede Tages- und Nachtzeit und auch für jedes Urlaubsziel. Alles ist Teil eines großen Plans, den nur sie kennen. Sie denken daran, die Blumen zu gießen und die Wäsche aus dem Trockner zu holen, und sie schaffen es, dem Mann ein, zwei nicht allzu schwere Handlangerdienste zuzuweisen, damit er nicht ganz so sinnlos in der Gegend herumsteht. Frauen switchen mühelos von der Sprache der Dreijährigen in den Business-Speech, können Bauchschmerzen heilen und auf Partys bis zum Morgen tanzen, ohne dass sie zwei Tage danach krank sind. Sie schaffen es, eine Beziehung so zu beenden, dass der Mann das Gefühl hat, er müsse sich grundlegend ändern, um es in diesem Leben überhaupt noch zu irgendetwas zu bringen. Ist es da so schlimm, dass sie ihr Auto in einem mittelgroßen Parkhaus nicht mehr wiederfinden?

Dies ist ein Buch über ein Geschlecht, für das der Begriff des Multitaskings nicht weit genug gefasst ist und das an den Erwartungen der Zeit doch zu verzweifeln droht. Es ist der Versuch einer Liebeserklärung an die Frauen. Zumindest fast.

PARTNERSCHAFT

Über Liebe, als Beziehung zwischen den Geschlechtern,
gebe es nichts Neues mehr zu berichten (...) – solche
Verlautbarungen sind zu lesen; sie verkennen, dass das
Verhältnis zwischen den Geschlechtern sich ändert, dass
andere Liebesgeschichten stattfinden werden.

MAX FRISCH

Evolution trifft Emanzipation oder:
der Vollcrash

Jetzt sitze ich hier. Allein an diesem Tisch, in diesem
kleinen italienischen Restaurant, das ich ausgewählt
habe für das erste Date. Ich warte. Und Sarah ist zu
spät. Schon zehn Minuten. Der Kellner hat mich bereits
dreimal gefragt, ob ich in die Karte schauen oder noch
etwas trinken will. Wenn ich mit dem Wein so weiter-
mache, liege ich unterm Tisch, bevor sie da ist. Ich lehne
also dankend ab und komme mir vor wie ein Zechpreller,
der noch gar keine Schulden hat. Ich übe mich in Geduld.
Nicht meine Stärke, aber es muss sein. Ich bin ihr das
schuldig, obwohl wir uns gar nicht kennen. Ich neige
nämlich selbst maximal zum Zuspätkommen. Wenn
mir all die Zeit, die ich Menschen auf mich habe warten

lassen, von meiner Lebenszeit abgezogen werden würde, läge ich mit 50 unter der Erde. Während ich so dasitze, denke ich, zu spät kommen ist ja irgendwie auch eine Machtgeste. Wer warten lässt, muss sich seiner selbst sehr sicher sein, muss davon ausgehen, dass ich bleibe und nicht einfach wieder gehe, weil ich mich versetzt fühle. Oder hat sie einfach nur eines dieser Datingberatungsbücher gelesen? «Eröffne nicht das Gespräch. Fixiere die Männer nicht mit deinen Blicken und rede nicht zu viel. Rufe ihn nicht an und rufe nur selten zurück. Beende Telefongespräche immer als erste. Triff dich nicht mehr mit ihm, wenn er dir nicht an deinem Geburtstag oder am Valentinstag ein romantisches Geschenk kauft.»

Oder, wie der Volksmund sagt: «Willst du was gelten, mach dich selten.» Tatsächlich? So sieht das also aus, wenn ihr euch, liebe Frauen, im 21. Jahrhundert Vorschriften macht, wie ihr es mit den Männern zu halten habt? Wenn es nach dem Millionenseller *The Rules* – die Regeln – geht, schon. Er beschreibt die eisernen Regeln des Datings. Mir fehlen dort aber ein paar wichtige Grundregeln: Wenn du ihm einen Drink bezahlst, kommt automatisch die Polizei. Wenn er deinen BH nicht öffnen kann, ohne hinzugucken, verlasse wortlos den Ort, an dem ihr seid. Vielleicht ein bisschen blöd, wenn es deine eigene Wohnung ist, aber hey, du findest bestimmt eine neue. Andere Mütter haben auch schöne Buden.

Ein passenderer Titel für dieses Buch wäre meiner Ansicht nach *Die Kunst, den Mann fürs Leben mit dusseligen Regeln in die Flucht zu schlagen.* Wie ist es möglich, dass dieser Steinzeitschinken durch die Decke ging? In einer

Zeit, in der das höchste Gut Selbstbestimmung ist, in der Frauen das Leben selbst in die Hand nehmen, den ersten Schritt und auch den letzten machen und gerade nicht darauf warten sollen, dass der Prinz erscheint? Irgendwie passt das alles nicht zusammen. Oder ist gerade die scheinbare Zögerlichkeit die wahre Autonomie, von der heute alle reden? Eine erste Prüfung meiner Geduld, meines Willens, meines Durchhaltevermögens? Es ist kompliziert.

Mit fast einer halben Stunde Verspätung trifft Sarah dann ein. Etwas durch den Wind, Zugverspätung, einchecken bei einer Freundin und so. Irgendwie gibt sie mir das Gefühl, dass das keine angelesene *The Rules*-Strategie ist. Und doch meine ich ein Funkeln in ihren Augen zu erkennen, als ob es ihr ganz gelegen kommt, schon hier und jetzt testen zu können, wie genervt oder entspannt ich auf ihre Verspätung reagiere. Ich bin natürlich entspannt. Vor meinem inneren Auge läuft meine eigene Zuspätkommens-Schuldenuhr rauf und runter, und da werde ich sehr schnell sehr nachsichtig. Zu viele unnötige Gedanken meinerseits. Vielleicht denken wir auch einfach zu viel, statt einfach zu leben, denke ich, während ich mir vornehme, in Zukunft weniger zu denken.

Der Kellner lächelt verschmitzt-beruhigt. Das wiederum beruhigt mich, denn er sieht so was sicher häufiger, und wenn er jetzt grinst, ist das so, als ob der Arzt sagen würde: Es ist nichts Schlimmes, das wird schon. Und es wurde. Wir wurden ein Paar. Langsam und vorsichtig zuerst, um nicht zu schnell an den zu großen Erwartungen zu scheitern, dann aber doch mit gemeinsamen geplanten Wochenenden und mit so viel Verbindlichkeit, dass wir uns trauten, Konzertkarten zu kaufen, auch wenn das Event erst in sechs Wochen stattfand. Wir waren stolz auf uns, dass wir uns dabei gar nicht spießig fanden.

Später, es war einige Zeit ins Land gegangen, zog Sarah in meine damalige Stadt, aber, wie sie betonte, einfach, weil sie was Neues anfangen wollte, und nicht wegen mir. Es schien also eher Zufall, eine Fügung, eine nette Wendung, keinesfalls sollte es nach Absicht aussehen. Erst nach Monaten gab sie zu, sie habe in einer dauerhaften Fernbeziehung keinen Sinn gesehen. Nur meinetwegen sei sie gekommen.

Mein Freund Olli sagte einmal: «Keine Frau ist so cool, wie sie sich gibt.» Gut, das gilt für Männer auch, aber bei uns kennt man das nicht anders. Harte Schale, weicher Kern und so. Darum fragen wir uns: Warum verhaltet ihr euch so? Warum baut ihr Mauern der Freiheit um euch, um sie dann später einzureißen? Die Soziologin Eva Illouz sagt, das Problem von modernen Partnerschaften sei die Dialektik aus Anerkennung und Autonomie: «Sei unabhängig, lebe dein Leben.» Dieser Satz wurde uns eingetrichtert von Kindesbeinen an. Zugleich wollen wir von anderen Menschen, insbesondere denen, die wir lieben, Anerkennung. Wir wollen bedingungslos geliebt und verstanden werden, aber es soll bloß nicht so aussehen, als wären wir darauf angewiesen. Das klappt so gut, als ob man mit Schneeketten und 220 km/h auf der Überholspur fahren will.

Die Auswirkungen dieses Umstandes zeigten sich bei

Sarah und mir immer wieder. Exemplarisch am Valentinstag: Ich sollte von mir aus den Liebesbeweis erbringen, den sie stillschweigend erwartete, was aber nicht so erwartungsvoll aussehen sollte, wie es war. Enttäuschte ich dann, erntete ich Verärgerung dafür, dass ich eine Erwartung nicht erfüllt hatte, die es offiziell gar nicht gab.

Olli sagte einmal, es gebe in jeder Beziehung einen, der mehr und einen, der weniger liebt. Letzterer sei immer im Vorteil: Er hält die Distanz, an welcher der andere verzweifelt, weil er sich fühlt, als würde man ihn am ausgestreckten Arm verhungern lassen. Diesen Part übernehmen, ich muss es eingestehen, nach wie vor mehrheitlich wir Männer. Meine Freundin Maren erzählte von den Kämpfen, die sie ausfechten musste, damit er sich endlich mal zwei, drei Wochen für einen gemeinsamen Urlaub freinimmt. Es ist das alte Lied: Im Zweifel ziehen wir Männer uns zurück auf unsere Arbeit, das vermeintlich letzte Refugium, das uns Männlichkeit und Unabhängigkeit erlaubt. Arbeit, das ist ja auch Macht, das ist Status und alles, was da dranhängt. Und darauf stehen die Frauen doch, haben wir gelernt. Oder ist das anachronistischer *The Rules*-Unsinn?

Eva Illouz schreibt in ihrem Buch *Warum Liebe weh tut*, früher, zu Zeiten des Patriarchats, sei Grönemeyers Frage: «Wann ist der Mann ein Mann?» leicht zu beantworten gewesen: Wenn er eine Familie gründete und Vater wurde. Heute ist das für ihn eine Option unter vielen, die sich zudem aufschieben lässt. Frauen haben diese Möglichkeit zum Aufschub nicht. Für die Frau ist das Ende der Fruchtbarkeit die biologische Schranke.

Darum sollte irgendwann mit Mitte 30 mal der Kerl an Land gezogen sein, der auch für die großen Fragen des Lebens mehr als ein «Mal gucken» übrig hat. Dann müssen die wesentlichen Entscheidungen des Lebens getroffen werden. Will ich Kinder und wenn ja, mit wie vielen? Ich kann euch verstehen: Bei einer Lebenserwartung von über 80 Jahren ist das so, als würde die Natur beschließen, dass Bäume nur zwei Sommer lang blühen. Das ist mies und ungerecht und fühlt sich aufgrund der heutigen Lebenserwartung sehr steinzeitlich an, aber es ist nicht zu ändern.

Maren sagte, sie werde vielleicht ein Kind kriegen, aber dann erst Ende 30, kurz vor Torschluss noch schnell. Die Jahre bis dahin wolle sie nutzen, um zu leben und vor allem im Job weiterzukommen. Aus ökonomischer Sicht ist späte Mutterschaft absolut sinnvoll: Ihr bekommt mehr Rentenpunkte, profitiert vom Lohnwachstum, erreicht eine größere Unabhängigkeit von einem mutmaßlichen Versorger, erhaltet mehr Elterngeld. Ganz abgesehen von den emotionalen Vorteilen: Je gefestigter Mütter und Väter sind und fühlen, desto stabiler sind Wissen und Werte, die sie weitergeben. Darum sind auch umstrittene Maßnahmen der Reproduktionsmedizin ausdrücklich zu befürworten. *Social freezing* etwa, die Gebärchance für moderne Paare, die über all dem Social Networking, Liking, Teiling, Favorisierung und Kommentierung das Real-Life-Kindermaching vergessen haben. Und deren Babys dann nicht mehr Scheyenne Savannah oder Jacqueline Chantalle heißen, sondern Frozen Margarita.

Warum sollen sich Frauen von dieser bekloppten biologischen Uhr ausbremsen lassen? Die Menopause bei einer Frau kommt im Schnitt heute vier Jahre später als zur Mitte des 19. Jahrhunderts. Vier Jahre in 150 Jahren, das ist eine verdammt schlechte Quote. Vor 150 Jahren wurde eine Frau rein statistisch im Schnitt 38 Jahre alt, ein Mädchen, das heute geboren wird, hat eine durchschnittliche Lebenserwartung von 82 Jahren. Das macht 45 Jahre mehr Leben in 150 Jahren, aber nur vier Jahre mehr Zeit bis zur Menopause.

Alle Geschäfte haben bis 20 Uhr oder länger geöffnet, nur der feine Bioladen von Mutter Natur macht Miese, weil er schon am späten Vormittag die Schotten dichtmacht.

Männer können sich hingegen bis ins hohe Alter fortpflanzen und sich zudem mit deutlich jüngeren Frauen paaren, um den Nachteil, den ihr Genpool im Alter möglicherweise mit sich bringt, auszugleichen. Egal, wie viele Beulen und Schrammen die Auffahrunfälle des ungestümen männlichen Lebens hinterlassen haben, beweisen sie am Ende nur: Wir haben Erfahrung, und was will Frau mehr als einen vielleicht lädierten Kerl, der aber weiß, wie man diese Vollcrashs in Zukunft vermeiden kann? Irgendwie auch schräg von euch Frauen: Würdet ihr bei einem Fahrer einsteigen, der damit angibt, ein perfekter Fahrer zu sein, weil er gerade von der Medizinisch-Psychologischen Untersuchung kommt?

Von vielen werden die Jahre des ratlosen Zauderns meist noch mit Bewunderung bewertet: Hat er bis 50 noch nicht wirklich eine feste Beziehung auf die Reihe gekriegt, sich dann aber eine jüngere Frau geangelt, muss er ein toller Hecht sein. Umgekehrt bleibt diese Bewunderung aus: Genießt sie das Leben und angelt sich dann einen Jüngeren, ist es bestimmt nur ein *Toyboy*. Dann hat sie's wohl nötig. Wahrscheinlich hat er nur ihr Winkfleisch noch nicht gesehen. Hinter vorgehaltener Hand belächelt man sie noch immer ein wenig mitleidig: Offenbar gelingt es ihr nicht, einen Kerl aus der eigenen Kohorte für sich zu begeistern, also krallt sie sich einen unerfahrenen Jungen, der ihre Zicken mit Weisheit verwechselt. Was bei ihm Zeichen von Potenz ist, ist bei ihr bemitleidenswerte Midlife-Crisis.

Männer haben größere Wahlmöglichkeiten. Damit, so Eva Illouz in ihrem Buch weiter, diktieren die Kerle nach wie vor die Spielregeln des Zusammenseins. Zudem grassiere bei uns die Bindungsangst. Zerrissen zwischen Familienwunsch und Freiheitsdrang, Festanstellung und Flausen im Kopf und dem Druck unausgesprochener Ansprüche der eigenen Eltern und ausgesprochener tickender biologischer Uhren bei euch. Je länger wir den Moment der Fortpflanzung aufschieben, desto mächtiger werden wir, desto erpressbarer werdet ihr – sofern ihr einen Kinderwunsch habt. Ist er da, lassen sich viele von euch auf Kompromisse ein, die sie vorher nie akzeptiert hätten. Maren zum Beispiel wollte unbedingt heiraten, ihr Exfreund nicht, aber sie hat sogar das akzeptiert, solange sie nur ein Kind bekommen würden. Vielleicht auch in der Hoffnung, dass er, wäre das Kind erst einmal da, schon noch einlenken würde.

Die Crux dabei: Je verbindlicher und nachdrücklicher ihr werdet, desto mehr müsst ihr fürchten, dass wir Reißaus nehmen. Vielleicht hat Sarah mich bei unserem ersten Date so lange warten lassen, weil sie ahnte, dass sich das Verhältnis später umkehren würde. Insofern ließ sie mich mit einem Vorschuss-Guthaben starten, im Wissen, dass ich das Konto schnell überziehen würde.

Bindungsangst als männliches Phänomen abzutun ist ein bisschen zu einfach, finde ich. Ich kenne Männer, die spätestens mit Anfang 40 eine ähnliche Torschlusspanik entwickeln wie Frauen, wenn sie noch keine Partnerin zur Erzeugung des Nachwuchses gefunden haben. Verfolgt von der panischen Angst, der Transfermarkt für weibliche Mitspieler könnte alsbald leer gefegt sein. Meinen Freund Toby konnte ich mittlerweile davon überzeugen, nicht ganz so offensiv mit der Tür ins Haus zu fallen, und nicht gleich beim zweiten Date zu erwähnen, wie sehr er Hochzeiten mag, und für die Treffen nicht gezielt Cafés in der Nähe von Kinderspielplätzen auszusuchen, damit er, sollte sich ein Kind verirren, gleich zeigen konnte, welch liebevoller Vater er doch wäre. Seitdem rennt er mit Karacho die Hintertür ein, indem er schlecht verklausulierte Disclaimer voranschickt: «Also, nicht, dass du jetzt denkst, ich wollte dich gleich … es ist nicht so gemeint, wie es jetzt klingt, aber ich dachte, fragen kann man ja mal, also wie sieht es denn so aus bei dir, langfristiger, ohne dass ich jetzt gleich final …, aber Kinder und so, also nur prinzipiell, hat jetzt nichts mit uns zu tun …»

Für Toby hat sich nur eines geändert: Früher flog er vorne raus und kam hinten wieder rein. Heute geht er hinten rein und fliegt vorne wieder raus. Und die Frau schließt sowohl vorne als auch hinten zweimal ab.

Umgekehrt habe ich Frauen erlebt, die Männer auf Distanz zappeln ließen, als Affäre, *friends with benefits* oder was auch immer. Aber muss man das Bindungsangst nennen? Wahrscheinlich waren sie einfach nicht verliebt, aber der Kerl war heiß? Vielleicht waren sie innerlich besetzt, hatten Angst, schlechte Erfahrungen gemacht, brauchten Zeit oder wollten einfach nur so ihren Spaß. Vielleicht ist Bindungsangst nicht viel mehr als ein Schlagwort, mit dem sich schnell aufgeregtes Kopfnicken generieren lässt. Wer pauschal die Beziehungsunfähigkeit einer ganzen Generation diagnostiziert, arbeitet in etwa so seriös wie ein Arzt, der einen erkälteten Patienten sieht und ihm rät, mit dem Rauchen aufzuhören, woraufhin der Patient sagt: «Ich rauche gar nicht», und der Arzt erwidert: «Wer hustet, raucht. Auf Wiedersehen.»

Ich wage die These, dass ihr Frauen das Feld der Liebe viel radikaler bestimmt und kontrolliert, als wir alle es bislang wahrgenommen haben. Irgendwie müssen ja die männlichen Mauern des «Passt schon», «Gucken wir mal» und «Bloß kein Stress» eingerissen werden. So trefft ihr die wesentlichen Entscheidungen, treibt an, gebt euch nicht zufrieden mit dem, was ist, und trennt euch schneller und kompromissloser. Schon in der griechischen Antike wurden der Fruchtbarkeitsgöttin Artemis – die Erfinderin der gleichnamigen Puffkette – die Hoden von Stieren als Opfer dargebracht, die sie anschließend an ihrem Körper durch die Stadt trug. Der Stier als Symbol von Männlichkeit, aber eben von roher Männlichkeit: Schön anzusehen, nur leider für nichts zu gebrauchen. Der Stier ist der Chippendale unter den

Tieren. Als Arbeitstier in der Landwirtschaft einsetzbar war nur der Ochse, der kastrierte Stier. Und selbst dieses Wesen musste noch gezähmt, erzogen und geschliffen werden, ehe es leisten konnte, was jede Kuh von sich aus fertigbringt.

Seid ihr also von Anfang an in Sachen Partnerschaft im Club der Visionäre, die Propheten des Zusammenseins? Maren vertrat einmal die These, dass Frauen sich von Anfang an einen Partner wünschen, mit dem sie wachsen können. Und das ist genau das Problem: Wir Männer wünschen uns, ihr Frauen sollt so bleiben, wie ihr wart, als wir euch kennengelernt haben. Frauen sehen in Männern Potenziale, in die sie sich verlieben. Ihr seht seine Talente, seine Anlagen und Möglichkeiten und denkt alles, was kommt, vom Ende her: Wird er ein guter Vater meiner Kinder sein, kann ich mich auf ihn verlassen, interessiert er sich für Musik, Kunst, Sport, Theater, alles, was das Leben rund macht? Steht er zu mir, auch wenn der Wind rauer wird? Da diese Phase oft mit Verliebtheit einhergeht, wird die Grenze zwischen Vision und Illusion, zwischen Hellsichtigkeit und Verblendung, fließend. Oft seht ihr Dinge, von denen der Mann selbst nichts weiß und auch nie wissen wird. Da wird die beunruhigende Leidenschaft für Eisenbahnen schon mal als Beweis dafür uminterpretiert, dass der Kerl doch eigentlich Ingenieur werden müsste – und nur, weil er dem Sohn der Schwester fehlerfrei die Schuhe gebunden hat, seht ihr in ihm schon den fürsorglichen Vater. Viele von euch sind dann später enttäuscht, fühlen sich betrogen um ihre Zuversicht, um all die Investitionen und den

Kredit, den sie ihm gewährt haben. Schließlich trennen sie sich, weil er ein Versprechen nicht einlöst, das er nie abgegeben hat. Das Leben ist einfach nur ein sehr ausgedehnter Valentinstag.

Frauen stellen sich die wesentlichen Fragen: Lohnt sich bei dem Projekt die Mühe oder nicht? Kann ich aus diesem Stier einen Ochsen machen? Und zwar einen, der nicht gleich beim ersten Problem wie der Ochs vorm Berg steht?

So weit, so nachvollziehbar, schließlich ist die Nietenquote unter Männern beunruhigend hoch: 90 Prozent aller Mörder im Knast sind Männer, zwei Drittel aller Wohnungslosen sind Männer, und dreimal so viele Männer wie Frauen saufen sich jedes Jahr zu Tode. Wer einmal einem Junggesellenabschied beigewohnt hat, weiß, welch schwierige Aufgabe Frauen hier zu meistern haben, um die Perlen unter den Säuen zu finden. Eigentlich unglaublich, dass dieses unstete chaotische Chromosomenbündel über weite Strecken der Geschichte als Ernährer und Versorger den Hut aufhaben konnte. Das ist so, als buchte ich bei einer Airline, von der ich weiß, dass ihre Maschinen täglich mehrfach abstürzen.

Nun, ihr Frauen mögt zwar heute sehr viel bestimmen, von Anfang bis Ende der Partnerschaft. Aber der Aufprall, der entsteht, wenn die Werte der Selbstbestimmung zusammenknallen mit dem uralten evolutionsbiologischen Programm, das sich nicht einfach abstellen lässt wie ein Wecker, ist brutal.

Sosehr wir auch glauben wollen, die evolutionären Strategien überwunden und durch Selbstbestimmung und Gleichberechtigung ersetzt zu haben, zeigen Studienergebnisse immer wieder das Gegenteil: Noch immer orientieren sich Frauen aller Schichten gezielt in der gleichen Schicht oder ein Stockwerk höher. Der Mann soll etwas mehr Geld verdienen, einen leicht höheren sozialen Status haben, was – Überraschung! – oft mit höherem Einkommen zusammengeht. Im Schnitt soll er drei Jahre älter sein (was dem besseren Gehaltszettel und dem höheren Status zuträglich ist, nicht nur im Öffentlichen Dienst, aber auch!), er soll ehrgeizig und fleißig sein (nur so kommt er zu Status und Geld), zuverlässig (ebenfalls nicht ganz unwichtig für Status etc., siehe oben), reif, intelligent und groß (am besten 1,80 Meter aufwärts, was zumindest in der westlichen Welt auch dafür sorgt, dass er mehr verdient). Statistiker, diese kühlen Vermesser des Innenlebens, sagen, Frauen suchen gezielt Männer, die acht bis zehn Zentimeter größer sind als sie.

Frau + hohe Absätze = Idealgröße Mann.

Was Jahrtausende in der Evolution ein Selektionsvorteil war, lässt sich nicht in drei Generationen aus dem Genpool vertreiben: Nur weil sich die westliche Zivilisation vorgenommen hat, in ein paar Jahrzehnten die emotionale Software von Jahrtausenden außer Kraft zu setzen, heißt das noch lange nicht, dass die Hardware da mitspielt. Das kennt jeder, der einmal versucht hat, auf einem Windows-95-Rechner die neueste iTunes-Version zu laden. Der reiche, angesehene, schlaue, groß gewachsene, gesunde, fleißige, verbindliche Mann bietet natürlich die besten Aussichten, den Nachwuchs zuverlässig unter seine Fittiche zu nehmen.

Neulich diskutierte ich diese Thesen mit Maren. Sie ist Lehrerin und schon von Berufs wegen überzeugt, dass der Mensch form- und veränderbar ist, wenn man es nur richtig anstellt, ihn motiviert, ein wenig antreibt und vormacht, wie es besser gehen könnte. Erziehung ist alles, der Rest sollte keine Rolle spielen. Ihr ist das alles zu retro, das Geschwätz von Männern, denen die komplexen Herausforderungen über den Kopf gewachsen sind, weil sie zu borniert sind, um die Chancen in den Möglichkeiten zu entdecken. Es gebe doch so viele unterschiedliche Paarkonstellationen, sagte sie, die auch ich sehen könne, wenn ich nur die Augen aufmachte. Ich sah mich bei diesem Gespräch mit Maren plötzlich in der paradoxen Rolle, eine Erkenntnis verteidigen zu müssen, gegen die ich lieber gewettert hätte. Ob es uns passt oder nicht: Unsere Entwicklungsgeschichte hat uns nach wie vor ziemlich fest im Griff: Wer früher groß, stark, potent war, konnte den Säbelzahntiger verjagen, für Nahrung sorgen und so den Nachwuchs beschützen. Und der Wunsch nach der Weitergabe und dem Überleben der eigenen Gene prägt unser Verhalten auch heute mehr, als wir es im Zeitalter der Gleichberechtigung wahrhaben wollen. Unsere Gene sind wie Männer – sie brauchen für alles einfach länger. Auch für die beruhigende Erkenntnis, dass der Säbelzahntiger längst ausgestorben ist.

Haltet mich für männlich-weinerlich, aber in Experimenten über Online-Dating zeigte sich, wie gnadenlos ihr Frauen sein könnt. Hier wagen Männer mit niedrigerem Bildungsgrad zwar offensiv die Kontaktaufnahme, kriegen aber meist keine Antwort. Die Biologie der Frauen scheint noch schlimmer als jedes Patriarchat zu sein.

Das gilt übrigens speziell für überdurchschnittlich gebildete Frauen: Sie sind sogar besonders erpicht darauf, dass er mehr verdient und mindestens so schlau ist wie sie. Ich kann das verstehen: Wer will schon einen tumben Trottel, der den Knigge für einen Schokoriegel hält, wenn sie auch einen Charmeur haben kann, der weiß, dass Einstein nicht nur der Gründer der gleichnamigen Berliner Kaffeehauskette ist.

Ausgerechnet das akademische Milieu, das sich zugutehält, die wesentlichen Impulse für alle großen gesellschaftlichen Revolutionen wie sexuelle Befreiung und Gleichberechtigung gegeben zu haben, ist am trägsten, was Veränderungen zwischen den Geschlechtern angeht: «Zu stark ist hier das von beiden Partnern verinnerlichte Männlichkeitsbild, wonach ein Mann sich nicht primär im Binnenraum der Familie, sondern in der Außenwelt profilieren soll», schreiben die Soziologinnen Cornelia Koppetsch und Sarah Speck in ihrem Buch *Wenn der Mann kein Ernährer mehr ist*. Ausgerechnet hier, im hippen Biospießer-Paradies, zwischen Yoga, Smoothie und Elterninitiativen-Kita, wo man sich von der Selbstüberhöhung ernährt, dem Fleischfresser-Prekariat um Lichtjahre voraus zu sein, ist der Mann noch Jäger und die Frau Sammlerin – von Treuepunkten bei REWE.

Was das Unterfangen Partnersuche heute so schwierig macht: Diese uralten Muster knallen mit voller Wucht auf moderne Wünsche, wie zwei Formel-1-Wagen, die mit Hochgeschwindigkeit ineinanderrasen. Gegenwärtig geht es im besten Falle um Liebe, um das Gefühl. Finanzielle Abhängigkeiten haben sich teilweise verschoben oder brachen ein, die partnerschaftliche Liebe wurde salonfähig, der Marktanteil der Scheidungsquoten stieg entsprechend seit Jahren auf ein Niveau, von dem Fernsehmacher nur träumen können.

Die Frage ist für viele Frauen nun: Wie gut passt er zu mir, zu meinem Leben, wie gut fügt er sich ein ins Bestehende? Aus «Gegensätze ziehen sich an» wurde «Gleich und gleich gesellt sich gern».

Es herrscht immer häufiger Augenhöhe in Partnerschaften – das ist die große Entwicklung seit den 1970er Jahren, und sie ist ohne Einschränkung begrüßenswert. Leider hat die Augenhöhe auch Nachteile, paradoxerweise ausgerechnet für Frauen aus den höheren Schichten. Das lässt sich an einer ganz einfachen Rechnung zeigen: Rund 55 Prozent aller Studienanfänger heute sind Frauen, nur 45 Prozent sind Männer. Von denen orientieren sich etwa 10–15 Prozent nach unten in eine bildungsfernere Schicht und holen sich ein Aschenputtel. Bleiben also 85 Prozent Männer. Das bedeutet, längst nicht jede Frau findet den Mann auf Augenhöhe, den sie sich wünscht.

Es gibt also zwei Möglichkeiten für euch Frauen, wenn ihr auf dem modernen Partnerschaftsmarkt eure Chancen erhöhen wollt. Nummer eins: Ansprüche downgraden – also als Architektin auch mal den Bauarbeiter mit Händen wie Löwenpranken daten oder als Chefärztin dem Pfleger ein Lächeln zuwerfen. Möglichkeit Nummer zwei: euch selbst downgraden. Ihr müsst endlich wieder dümmer werden. Gerade ihr, liebe Leserinnen dieses kleinen Buchs, auf dem Weg zur Fernbeziehung im ICE – jahrelang studiert, wofür? Um alleine rumzusitzen und ein Buch wie dieses zu lesen? Ihr müsst euch verdummen, und zwar radikal! Das baut Barrieren und Hemmungen auf der anderen Seite ab. Männer haben dann wieder weniger Angst vor euch, Angst, dass ihr ihnen die Welt erklären wollt oder anderweitig überlegen sein könntet. Werdet gesinnungsblond! Gebt euren Doktortitel als gefälscht zurück, eröffnet neben eurer Arztpraxis noch ein Nagelstudio. Und lasst euch zur nächsten EM ein Tattoo stechen: «Dumm kickt gut.»

Die Schwierigkeit neben dem Crash von Evolution und Emanzipation besteht außerdem in der Tatsache, dass es keine klaren Rollen mehr gibt: Bei meinen Großeltern noch gewährte mein Opa meiner Oma durch die Ehe Schutz, und sie stand im Gegenzug zu häuslichen und ehelichen Diensten bereit, je nachdem, wie es dem Gebieter gerade behagte. Das war der Deal der patriarchalen Liebe. Es ging vor allem darum, eine Familie zu gründen, Kinder zu kriegen, das ganze Programm.

Mein Opa nahm sich raus, was er wollte. Von Launen, allerlei Empfindlichkeiten bis hin zu Affären: «Ja, so sind sie halt, die Männer!», sagte meine Oma dann mit einer Mischung aus Enttäuschung, Wut und Resignation. Während sie ihn umsorgte und leidenschaftlich Trübsal blies, wenn er mal wieder zeterte, weil das Mittagessen zu spät kam. Sie buhlte um Anerkennung durch Schmollen, er verweigerte sie durch Ausweitung seiner Autonomiezone in die nächstgelegene Kneipe. Aus unserer

Sicht eine vorsintflutliche Hölle. Heute dagegen nehmen beide Geschlechter beide Positionen ein. Das sorgt für mehr Möglichkeiten im Zusammenleben – aber, wie wir gleich sehen werden, auch für bedeutend mehr Stress, weil die gegenseitigen Ansprüche steigen.

Warum wir uns nicht mehr genügen

Die Evolution mag ihre Forderungen geltend machen wie ein Gläubiger aus der Vergangenheit, dessen Existenz man lange verdrängt hatte. Nun haben wir diesem Schatten ausreichend Tribut gezollt und können zurückkehren zum Eigentlichen, zu dem, worauf wir Einfluss haben, worüber wir entscheiden können ohne den schulterzuckenden bequemen Rückhalt der biologistischen Fluchten. Nach dem Motto: Ich kann auch nix dafür, dass ich mir diesen verballerten Dödel genommen habe, meine Gene wollten das so!

Mit dem ganzen Ballast an evolutionärem Erbe im Gepäck und den Anforderungen der Gegenwart sollt ihr Frauen also durchstarten. Selbstbestimmt und erfolgreich, aber nicht zu sehr. Schön, aber bitte kein Püppchen und erst recht keine Tussi. Es liegt alles in eurer Macht. Wenn du dich dick fühlst, mach doch einfach eine Diät, du hast es in der Hand!

Das führt leicht zu einem Übergewicht an Erwartungen, das es schwer macht, Flughöhe zu erreichen. Aber wie kommt es dazu? Wagen wir eine These: Seit 30 Jahren erleben wir den Siegeszug des Weiblichen. Die gesamte hiesige Kultur ist, sehr zu ihrem Vorteil, femininer geworden. Das, was man traditionell weibliche Werte nannte – Empathie, Kommunikationsfähigkeit, soziale und emotionale Intelligenz –, ist aus unserem Umgang miteinander nicht mehr wegzudenken. Wer sie nicht draufhat, kann einpacken. Zu Recht.

Und Frauen selbst prägen die heranwachsende Generation in noch größerem Maße als früher: Die meisten Kinder werden bis heute bei der Mutter groß, sie ist die prägende Figur. Verlassen die Kinder später die familiäre Komfortzone, treffen sie wieder fast nur auf Frauen: In den Kindertagesstätten und Schulen herrscht eine Frauenquote von gefühlten 150 Prozent. Selbst der Hausmeister der Schule heißt immer öfter Helga.

Töchter werden in die Welt entlassen mit den Sätzen «Mache dich nie abhängig von einem Mann! Strenge dich an, dann kannst du alles erreichen! Werde, was du bist, du hast alle Möglichkeiten, nutze sie. Wir fördern dich, also los, komme dahin, wo du es wert bist, gefördert zu werden. Streng dich an!»

Söhne hingegen werden gut gemeint ermahnt, alles zu werden, aber nicht so wie der eigene Vater. «Respektiere die Frauen, mache alles anders! Wie? Egal. Hauptsache, anders.» Der Zeitgeist tut das Übrige und sagt den Söhnen: «Sei männlich, das finden die Frauen super, aber, hey, vergiss nie: Ohne die Durchsetzungskraft von Mutti wärst du nicht der, der du jetzt bist. Und da wirst du doch der nächsten Frauengeneration nicht ernsthaft Steine in den Weg legen wollen? Lass ihnen ruhig den Vortritt, das ist sehr männlich!»

So treffen bedingungslos verstehende, irgendwie total nette Söhne, die alles besonders gut machen wollen, auf gestresste Töchter, die alles noch viel besser machen sollen und so atemlos oszillieren zwischen Anspruch und Wirklichkeit.

Gingen wir aus, bemäkelte Sarah oft meine Klamottenauswahl. Bis zu fünfmal zog ich mich um, weil ich ihr ja gefallen und keinesfalls den Eindruck erwecken wollte, dass sie mir gleichgültig sei. Bemerkte sie, dass ich genervt war, sagte sie mürrisch: «Dann nimm halt das, worin du dich wohlfühlst!» Woraufhin ich antwortete: «Das hatte ich ja am Anfang an» – und schon knöpfte ich Hemd vier zu. Umgekehrt aber mochte ich fast immer, was sie trug, sodass ich trotz genauen Hinschauens und gewissenhaftester Kritikasterhaltung keinen Mangel erkennen konnte. Sie war einfach schön, so wie sie war. Ich weiß, diese Begeisterung für euch wollt ihr uns immer nicht glauben, sie ist euch suspekt. Auch Sarah warf mir vor: «Du schaust gar nicht genau hin, sonst hättest du bemerkt, dass diese Hose im Schritt Falten wirft.» Sie fand immer Details an sich und ihrem Outfit, die nicht stimmten, und zog sich bis zu zehnmal um, während ich mein Bestes gab, meine Begeisterung auch beim zehnten Mal noch in kunstvolle Worte zu kleiden. Manchmal versuchte ich dann, etwas zu bemäkeln, nur um nicht wieder gleichgültig zu erscheinen. Das ging dann meistens vollends in die Hose. Ich gebe es zu: Dieses Hin und Her brachte mich regelmäßig an den Rand der Verzweiflung. Ich verstehe einfach nicht, warum ihr so an euch rumkritteln müsst und wir am Ende immer die Doofen sind.

Vielleicht liegt es daran, dass wir uns mit zu hohen Erwartungen begegnen? Schließlich ist das die oberste Prämisse der heutigen Zeit: Es gilt, mobil und flexibel zu sein, egal, ob es um Partnerschaft, Familie, Beruf geht. So liegt die Verantwortung für dieses Leben alleine bei dir, beim Einzelnen. Keine Instanz ist noch denkbar, die sich als Zeuge anrufen ließe, um ein Stück Verantwortung abzunehmen. Autoritäten sind gefallen, Familien sind Patchwork auf Zeit, die Kirchen haben sich selbst ad absurdum geführt, und Worte wie Heimat klingen selbst in den Ohren von Helene-Fischer-Fans irgendwie verstaubt. «Heimat ist da, wo man sich nicht erklären muss», schrieb der Philosoph Johann Gottfried Herder in bestem Vorabendsoap-Wording. «Heimat ist, wo dein Herz ist, aber dein Herz musste wandern», singt die britische Band *Travis* in ihrem Song *Driftwood*, Treibholz, das dem Lebensgefühl der Gegenwart den Titel geben könnte. Je stärker das Herz zur Wanderschaft gezwungen ist, je mehr Ankunft und Weiterreise in eins fallen, desto häufiger werden an jedem Etappenziel neue Selbsterklärungen nötig sein.

Und zugleich lesen wir all die schön klingenden Sätze, die uns vor Augen führen sollen, was alles möglich ist, gerade für Frauen, wo doch die Emanzipation endlich dafür gesorgt hat, dass ihnen alles (!) offensteht! Es reicht nicht mehr, Frau zu sein, nein, die topmodelmagerschlanke Karrieremutterhure solltest du schon werden, bitte. Klappt's damit nicht so ganz, bist du alleine schuld. Da ist Druck im Kessel des Lebens – und zwar nicht zu knapp.

Was folgt, ist das Gefühl, immer irgendwie prekär, ungenügend zu sein. Überlastet vom Terror des Möglichen, der permanenten Gegenwart des Vorübergehenden, in der Gewissheiten lediglich Versprechen sind, die am Ende nicht eingelöst werden. Eine Zeit, in der Einsatz und Ertrag keine zwangsläufige Gleichung mehr sind, in der das Unwahrscheinliche wahrscheinlicher ist als das, womit zu rechnen war. Eine Zeit, in der Jobs befristet sind, nicht nur einmal, sondern drei- oder viermal. Der Chef ist dein Freund, nur leider nicht, wenn es um die Bezahlung geht, dann ist man ratzfatz wieder beim gefühlten «Sie».

Freunde kommen und gehen, heiraten, kriegen Kinder und verschwinden von außen betrachtet in der inneren Schrebergartenlaube, waren nie wieder gesehen. Andere verschwinden für ein halbes Jahr ins Ausland, und daraus wird dann ein halbes Leben. Man folgt ihnen noch auf *Instagram* und kann anhand der geposteten Bilder ersehen, wo sie gerade ihre Zelte aufgeschlagen und den VW-Bus abgestellt haben. Von meinem Abijahrgang leben noch genau vier Leute im heimischen Niemandsland. Der Rest ist abgewandert, hat Karriere gemacht oder einen Franzosen geheiratet oder beides. Die Wahrscheinlichkeit, auf Weltreise in Neuseeland einem alten Schulfreund zu begegnen, ist größer als in Stuttgart.

Mit dieser angestrengten Mischung aus Beweisdruck, Ungeduld und Unsicherheit treten viele von euch schließlich an den potenziellen Partner heran. Und ehe man sich's versieht, hat man die Forderungen der eigenen Zeit, denen man atemlos zu genügen versucht, zu den eigenen gemacht – an sich *und* den anderen. ER muss stark sein, aber kein Macho, sensibel, aber nicht weinerlich, zuhören können, aber auch eine eigene Meinung haben, die aber bitte nur dann formuliert wird, wenn sie gehört werden will. Zu Hause sein soll er, aber doch auch selbständig, erfolgreich. Und das Wichtigste: Er muss spüren, was gerade gewünscht ist: Er soll spüren, ob sie reden will oder schweigen, ob er nachfragen oder sie nur in den Arm nehmen soll, ob eine Wärmflasche das Richtige ist oder doch lieber die Einladung zum Essen – wobei das immer schwierig ist, weil sie sich wahrscheinlich gerade wieder ZU DICK fühlt. Um eine prominente Formel zu zitieren: Gesucht ist der Alpha-Softie, der Ochse mit Eiern, der aber doch kein ungestümer Stier ist. Ich halte das für eine spinnerte Idee. Es sind Ansprüche und Erwartungen, die garantiert nirgendwo hinführen, außer ins eigene Unglück. Um es ein für alle Mal zu sagen: Es gibt keine Alpha-Softies. Kein Mann will ein Alpha-Softie sein, let's face it! So wie es bei Mozart kein Metallica gibt und auf der Autobahn keinen Gehweg. Ein Alpha-Softie ist immer ein Betamann. Einer dieser Revolverhelden, Poisels und Max Giesingers, permanent jammerig, besoffen vom eigenen Selbstmitleid und der eingebildeten Emotionalität. Alpha-Softies sind Typen, die der DLRG in der heimischen Badewanne wiederbeleben musste, nachdem sie nach dem Quietscheentchen getaucht sind und dabei fast ertrunken wären.

Auf die Frage, was Sarah sich von einem Mann wünsche, sagte sie einmal, sie wolle das Gefühl haben, etwas Besonderes zu sein. Ich habe lange darüber hinweggehört, den Wunsch nicht verstanden in seiner ganzen

Dimension. Was heißt es, etwas Besonderes zu sein? Was ist besonders im Leben? Reisen, Konzerte, Geburtstage, die eigene Hochzeit, die Geburt eines Kindes. Aber ist es möglich, als Partner immer besonders zu sein? Besonders klug, besonders schön, besonders sexy? Ist das nicht nur die Fortsetzung des Teufelskreises aus Erwartung und Enttäuschung? Erstaunlich daran scheint vor allem: Wir alle, Frauen und Männer, haben das gleiche Smartphone, die gleichen Apps, gucken das Gleiche auf Netflix, tragen die gleichen Hoodies, fahren in die gleichen Städte, um Urlaub zu machen, und wollen trotzdem unbedingt etwas Besonderes sein. Ich habe den Verdacht, liebe Frauen, für einige von euch ist dieser Wunsch nach Besonderheit eine Exit-Strategie. Eine Ausrede, um sich nicht wirklich mit einem Menschen auseinandersetzen, konfrontieren zu müssen. Wenn er nicht regelmäßig Blumen mitbringt, und zwar nicht, weil er es soll, sondern weil er es will – und zwar von sich aus – dann: Weg mit ihm! Einen wirklichen Spiegel zulassen wollen wir nicht, stattdessen lieber das eigene Gesicht in der Supermegapixel-Handykamera, die wir so lange verstellen können, bis wir so aussehen, wie es dem eigenen Selbstbild entspricht.

Konnte ich Sarah nicht das Gefühl geben, wichtig zu sein, reagierte sie mit Kritik, während ich verzweifelt versuchte, alles noch besser zu machen, den Ansprüchen, die ich doch nur halb verstand, zu genügen. Ehe wir es uns versahen, waren wir mittendrin im Richtig-Wichtig-Dilemma. Ich brachte die Blumen hoch und den Müll runter, räumte Spülmaschinen ein und wieder aus – und zwar im richtigen Moment. Dann, wenn es sich lohnte – Mülleimer und Spülmaschine dürfen weder halbvoll sein (Verschwendung) noch übervoll sein (Geruch). Und wenn ich diesen Zeitpunkt dann ein Mal, dieses eine Mal nur, verpasste, vergaß oder anderweitig schusselig Müll und Spülmaschine nicht «auf der Pfanne» hatte, wurde ich direkt auf null gesetzt. All die Freude über so viel Bemühen und jetzt das! Für Sarah stand dahinter die Aussage: «Er verlässt sich darauf, dass ich es mache. Weil ich es ja immer mache!» Genau dasselbe mit der Wäsche: Sarah wusch sie, und dann lag sie tagelang rum, weil ich nicht in der Lage war, sie aufzuhängen: «Kleiner debiler Ignorant!» Oder: Sie reichte mir, was ich bitte in die Spülmaschine räumen sollte, um mir dabei zuzugucken, wie ich's dann tat, und es danach wieder alles neu, «besser» zu ordnen. Und als Typ denkst du dir: Es gibt immer noch etwas, das verbessert werden könnte, hinter jeder Erfüllung steht die nächste Aufgabe, der nächste Wunsch, die nächste noch tollere Idee. Was man alles anders, schöner machen könnte! Mehr Deko in der Bude anbringen, die Socken als Paare aufhängen, die Briefe vom Finanzamt nicht tagelang ungeöffnet rumliegen lassen, im Sitzen pinkeln und im Urlaub auch mal in die Dolomiten fahren. Als Mann kommst du dir dann vor wie ein Sportmuffel, der sich entschieden hat, ohne Training an einem Halbmarathon teilzunehmen.

Maren sah das vollkommen anders. «Bis heute reiben sich doch Frauen auf, und ihr merkt es nicht einmal. Wir tun alles, um es euch recht zu machen», meinte sie. Wie oft habe sie für ihren Exfreund gekocht, wenn er abends nach Hause gekommen war, obwohl sie genauso müde gewesen war wie er nach einem langen Tag, habe dann noch die Waschmaschine angeschmissen, am Wochenende gebügelt, eingekauft, sich trotzdem immer die Beine rasiert, um auch garantiert attraktiv zu sein für ihn.

Das Fazit: Sie beginnt beim Ungenügen, er endet beim Ungenügen, beide leiden an der Zeit und kommen darin überein. Die Krise wird allgemein. Es ist das Ungenügen an einer Zeit, in der nichts genügen kann. Vor allem man selbst nicht, weil die Möglichkeiten, die zu Anforderungen wurden, unendlich scheinen. Was wir in uns selbst nicht verwirklichen können, das tragen wir an die Außenwelt heran, sie soll die Leerstellen füllen, die Wunden heilen, die Erfüllung sein.

Irgendwann stand auch bei Sarah und mir das Thema «Zusammenleben» auf der Tagesordnung der Beziehung. Ich war zögerlicher, was ein gemeinsames Zuhause anging, ich sah darin das Ende meiner Freiheit. Irgendwann ließ ich mich überzeugen. Und schon nach kurzer Zeit merkte ich, wie schnell sich uralte Muster hinterrücks einschlichen. Wie von alleine erledigte Sarah alles, worauf ich augenscheinlich wenig Lust hatte: kochen, Hausarbeit, putzen, reden. Das mag böse klingen, aber mir kam es manchmal vor wie ein Dankeschön für meine Zustimmung zum Zusammenziehen. Gut, zur Wahrheit gehört: Seit ich einmal ihre neue helle Jacke zusammen mit den roten Socken in die Waschmaschine geworfen hatte, war ich für immer befreit vom Befüllen und Starten der Maschine. Sarah sagte, sie mache das jetzt doch wieder lieber selbst. Und zur Wahrheit gehört auch: Wir

Männer wissen, wie weit man mit «Hilflosigkeit» kommen kann.

Meine Freundin Maren hatte das in ihrer letzten Beziehung als schleichenden Prozess beobachtet: Schritt für Schritt war sie für immer mehr zuständig, während er lediglich ab und zu mal den Computer reparierte. Als sie ihm den Haushalt überließ, wurde plötzlich eine Haushaltshilfe eingestellt. Wir können also festhalten, und das ist bitter: Wenn es ums Zusammenleben geht, mutieren viele vormals emanzipierte Paare zum 50er-Jahre-Ehepaar mit klar definierten Zuständigkeitsbereichen im Haushalt. Frauen verbringen bis heute dreimal mehr Zeit mit Hausarbeit als Männer. Der moderne Mann kocht, putzt und bügelt im Durchschnitt 49 Minuten am Tag, die Frau zweieinhalb Stunden. Wobei zu befürchten ist, dass sie in 49 Minuten dreimal das schafft, was er auch in zweieinhalb Stunden nicht halb fertigbringt.

Jetzt ist sie weg!
Warum Frauen Schluss machen

Als Sarah sich irgendwann von mir trennte, sagte sie, das Leben, das sie sich wünsche, sei mit mir nicht möglich: Sie habe lange gekämpft um die Aufmerksamkeit, die sie wolle, sie habe ihr Ausdruck verliehen in vielen Gesprächen, aber es habe nichts gebracht. Lieber alleine unglücklich als zu zweit. Sie wolle nichts im Wege stehen, mir nicht, sich nicht, zwei Menschen, zwei Lebensentwürfe. Es sei Zeit, den Tatsachen ins Gesicht zu sehen. Sie gehe aus Überzeugung, aber mit Respekt. Ihre Wünsche seien andere, sie wolle sie sich erfüllen mit jemandem, der dazu bereit sei. Ich sei es nicht. In diesem Moment tat sich unter mir ein Abgrund auf. Ich fühlte mich überlebensunfähig, war erstaunt von dem Mut und der Aufrichtigkeit, die ich nicht aufgebracht hätte. Ich dachte: Eine Frau, die so Schluss macht, müsste man heiraten. Aber dafür war es wohl zu spät. Wie ein Film zog alles an mir vorüber, was sie in meinem Leben besser, anders gemacht hatte. Wer sollte mir sagen, ob der graue Pulli vielleicht doch ein wenig zu weit oder dem Anlass nur so halb angemessen ist? Wie waren wir dahin gekommen, wo wir jetzt waren? Wahrscheinlich war es auch dieser Unabhängigkeitskampf, den wir über Jahre geführt hatten. Wir hatten gekämpft um uns und doch jeder nur für sich. Wir hatten vor allem darum gekämpft, autonom zu bleiben, *permanent residents* des eigenen Adlerhorsts. Ich habe nie wirklich ein Opfer für sie gebracht, hatte Sarah zum Abschied gesagt, nie etwas aufgegeben für uns als Paar. In genau dem Maß, wie wir unsere Unabhängigkeit überbetonen, fordert die Anerkennung ihren Tribut. Sie fällt ins Extrem und fordert das Unmögliche: Die Selbstaufgabe wird zum letztgültigen Liebesbeweis.

Hat man bislang eher Frauen zugeschrieben, auch an längst toten Partnerschaften Wiederbelebungsversuche vorzunehmen, haben sich die Seiten heute verkehrt: Mehr Männer als Frauen würden ihren eigenen Kindern raten, eine Partnerschaft aufrechtzuerhalten, selbst wenn man sich auseinandergelebt hat. Früher gingen

Frauen zum Therapeuten, weil sie als einsame Geliebte eines Mannes sitzengelassen wurden – heute sitzen die Männer dort, weil sie sich einen Lover gesucht hat, der sie nicht nur als Teilzeitfrau sieht. Selbst bei Paartherapeuten rufen vermehrt Männer an, weil die Partnerin sich trennen will.

Frauen sind bereit, Opfer für Kinder zu bringen, jedoch nicht mehr zwangsläufig für die Partnerschaft. Allerdings kommt der Umweg über die Kinder doch wieder dem Mann zugute – ihretwegen bleibt sie zu Hause, ihretwegen kocht sie, und ihretwegen brennt sie nicht mit dem heißen Yogalehrer durch.

Ihr Frauen hinterfragt euch selbst stärker, nehmt Probleme früher wahr und sprecht sie früher an. Ihr sagt zu euren Männern, was ihr gerne ausprobieren, erleben und angucken würdet, während er sich denkt: «Die hat wohl ihre Tage, das vergeht schon!» Dann kommt ihr wieder und wieder an, und er denkt sich wieder und wieder: «Die kann doch nicht schon wieder ihre Tage haben?!» Irgendwann vergeht nicht euer Wunsch, sondern ihr selbst geht, und er fragt sich: «Warum ist sie denn jetzt gegangen? Die hätte doch auch mal was sagen können!»

Heutzutage gehen zwei von drei Trennungen von Frauen aus. Sie beenden die Partnerschaft schneller und kompromissloser, sie kommen allein besser zurecht und sind emotional weniger abhängig vom Partner als Männer. Ja, auch für euch ist eine Trennung nicht immer einfach, ihr leidet und möchtet den Kerl am liebsten umbringen. Aber ihr habt eure Freundinnen, die euch auffangen, ihr nutzt die Trennung für einen Neuanfang, schneidet euch die Haare ab, dekoriert die Wohnung um und schmeißt sämtliche Klamotten zum Fenster raus. Männer haben keine Klamotten oder wissen nicht, wo sie sind.

Für den Mann ist die Ehe bis heute die lebenslange Mutterbrust. Schon Anfang des 20. Jahrhunderts zeigte der französische Soziologe Emile Durkheim in seinem Buch *Der Selbstmord*, dass die Zahl der Selbsttötungen nach Scheidungen unter Männern bedeutend höher ist als unter Frauen. Auch heute sterben Witwer schneller als Witwen. Immer wieder lässt sich beobachten, wie Frauen schon vor Ablauf der moralisch vorgeschriebenen Trauer-Karenzzeit aufblühen, zu neuen Ufern aufbrechen, während Männer nach dem Ableben ihrer Frau oft hilflos durchs Leben stolpern.

Ein Leben lang müssen sich Frauen anhören, dass sie welken, während Männer reifen. Ganz am Ende ist es umgekehrt: Frauen reifen, Männer verwelken. Ausgleichende, wenn auch späte Gerechtigkeit.

Wir halten fest: Obwohl es in vielen Bereichen hakt, in Beziehungen gebt ihr das Tempo vor, und wir müssen mithalten. Aber mit einem Golf kannst du eben kein Formel-1-Rennen gewinnen, auch nicht, wenn du versuchst, ihn zu frisieren. Vielleicht könntet ihr mal kurz das Tempo drosseln und innehalten? Vielleicht würde euch dann auffallen, dass viele von uns es eigentlich besonders gut machen möchten. Wir schrauben am Motor der eigenen Möglichkeiten herum, legen einen Boxenstopp beim nächsten Psychocoach ein, füllen Öl nach und gucken, dass wir unnötigen Verbrauch reduzieren, um mehr Zeit für das Wesentliche zu haben. Vielleicht hilft ja eine gemeinsame Geschwindigkeitsbegrenzung? Man muss nicht immer 230 km/h fahren – zugegeben, auch nicht 90, wie wir. Vielleicht treffen wir uns bei sportlichen 130 km/h? Und hoffen, dass wir damit weder ins Schleudern geraten noch zu sehr vom Weg abkommen.

SEX

«Dick ist doof»

Je länger Sarah und ich uns kannten, umso deutlicher spürte ich, wie unzufrieden sie mit ihrem Körper war. Andauernd wollte sie mal wieder abspecken, obwohl sie es nicht nötig hatte. Am liebsten hätte sie Körperregionen programmiert, an denen sie dann abgenommen hätte. Nur Schenkel oder nur Taille oder nur die drei Millimeter unterm Po, aber bloß nicht an den Brüsten. Hatte sie viel zu tun, war sie froh, wenn sie aufgrund des Stresses nicht zum Essen kam. Ein Zustand, den ich mir gar nicht vorstellen kann. Irgendwann bekomme ich Hunger und muss essen, egal was, und wenn es ein halbekliges Sandwich von der Autobahnraststätte ist. Ich hatte häufig das Gefühl, für Sarah ging es andauernd darum, sich zu ihrem Körper zu verhalten. Er war mal Feind, der machte, was er wollte, und dann wieder, wenn sie sehr viel gearbeitet und nicht zum Essen gekommen war, der beste Freund. Das Schlimme ist: Die Ansprüche sind auch hier so verdammt widersprüchlich. Du sollst dünn sein, aber nicht dürr, definiert, aber nicht aufgepumpt wie ein *McFit*-Opfer, straff und faltenfrei, aber ohne Botox. Du sollst attraktiv sein und das auch ausstrahlen. Du sollst nicht hadern und zaudern, sondern stolz auf deinen Körper sein. Der Grat ist so schmal, sobald du ihn betrittst, droht Absturz. Und es gibt nicht einmal einen Rettungsschirm, im Gegenteil: Ganze Armeen von Frauenzeitschriftsredakteurinnen leben ausschließlich davon, mit «Fünf Kilo in einer Woche nur mit Schokolade»-Diätkrampf den Aufprall noch ein bisschen härter ausfallen zu lassen. Irgendwann gründen sie einen neuen Leserfanclub mit dem Kürzel BDM, den Bund Deutscher Magersüchtiger.

Wenn du schon drei Stunden beim Friseur verbringst, dann sollst du dich zur Strafe danach auch richtig scheiße fühlen. Egal, wie du aussiehst, nichts ist gut genug: Eine noch bessere Diät kann dich noch besser aussehen lassen, noch hast du nicht das optimale Gewicht, den optimalen Körper, die optimalen Formen. Und bedenke: Ab 40 geht es rapide abwärts.

Da könne man doch heutzutage einiges machen lassen, meinte selbst Sarah irgendwann, als sie vor dem Spiegel stand. Das sei alles gar nicht so teuer. Sie könne jede Frau verstehen, die sich ein bisschen was unterspritzen lasse. Hier ein wenig Botox, dort mal ein paar kleine Korrekturen. Ihr Kinn passe zum Beispiel so gar nicht zu ihr, auch hier habe sie schon mal gegoogelt, was man da so nachbessern könne. Die machten das heute alles so perfekt, das sehe kein Mensch. Ich widersprach, denn ich kann diesen Wahnsinn nicht verstehen. Ich bin ein erklärter Gegner aller kosmetischen Nachbesserungen. Mann und Frau altern – ja und? So ist das Leben! Es gibt hochattraktive Frauen, die in den Sechzigern und Siebzigern sind, und zwar nicht, weil sie sich «gut gehalten haben», wie man so herablassend sagt, sondern weil sie eine ganz eigene Schönheit der Reife, ja, des Alters, des Gewordenseins, der Erfahrung und der Tiefe haben. Aber diese Argumente zählen bei Sarah nicht. Ich könne das nicht nachvollziehen als Mann, eine Frau altere ungeheuer schnell, sobald sich die Wechseljahre am Horizont auch nur ankündigten. Man müsse heute das Äußere dem inneren, dem gefühlten Alter anpassen. Und das gehe nun mal nicht mit dem biologischen einher.

Die Konsequenz sind all die Schönheitskliniken, die plötzlich an jeder Ecke aus dem Boden gestampft werden. Im Jahr 2015 ist die Zahl der plastisch-chirurgischen Eingriffe um fast zehn Prozent gestiegen. Insgesamt gab es über 40 000 Operationen, die meisten bei Frauen. Ganz oben ist dabei die Brustvergrößerung, gefolgt vom Fettabsaugen und der Oberlidstraffung. Der neueste Trend sind Schamlippenverkleinerungen aus rein ästhetischen Gründen, nicht aus medizinischen. Es geht darum, dass die äußeren Schamlippen die inneren umschließen sollen. Dazu kommen noch die kleinen Lunchtime-Eingriffe, die Mittagspausen-OPs wie Lippenaufspritzen oder ein paar Falten glatt ziehen. In der Mittagspause zum Friseur oder unters Messer? Egal, Hauptsache, das eigene Äußere ist am Ende frisiert, und abnehmen tut man auch noch dabei, weil man ja den Lunch weggelassen hat.

Ein Drittel aller Operierten ist unter 30, selbst Mütter schenken ihren Töchtern Brustvergrößerungen. Chirurgen gehen davon aus, dass es in 20 Jahren nur noch operierte Frauen geben wird – und zwar in allen Schichten. Denn der moderne Körper ist makellos. Ausnahmsweise sind es nicht die Erwartungen von uns Männern, die Frauen ins Messer laufen lassen. So gut wie alle Männer stehen auf natürliche Frauen. Wie Umfragen zeigen, findet eine Mehrheit von uns Silikonbrüste und Schlauchbootlippen sogar abstoßend. Was also ist der Grund für das Geschnippel? Zum einen sind es die Bilder durchperfektionierter, makelloser Schönheit, die uns überall umgeben. Aber es ist auch die Verantwortung, für alles im Leben alleine geradestehen zu müssen. Erfinde dich, erfinde dein Leben, deine Person!

Die Firma *Depesche*, die mit der *Diddl-Maus* bekannt wurde, vertreibt ein Malbuch mit dem Namen *TopModel*. Es ist für Mädchen ab sieben Jahren und geht um das Leben von 13 Models. Sie haben weit auseinanderstehende Augen, Stupsnase, Schmollmund, lange Beine. Alles, worüber sie nachdenken, ist das nächste Shooting und den süßen Fotografen. Ich glaube, man hat Barbie und Ken doch lange unrecht getan.

In keinem anderen Land der Welt leben so viele normalgewichtige junge Frauen, die sich zu dick finden, wie in Deutschland. Fast jedes zweite 14-jährige Mädchen soll schon eine Diät gemacht haben.

Wie sehr ihr euch daran gewöhnt habt, dass weibliche

Schönheit makellos und dünn ist, beweist ein Versuch der Zeitschrift *Brigitte*: Für eine Weile zeigte die Redaktion statt Models nur Bilder von Frauen «wie Ihnen und uns» (Kleidergröße 38[!]), die auch noch erfolgreich im Job waren. Nach zwei Jahren wurde das Experiment eingestellt – die Shootings mit den 38ern waren zu teuer, der redaktionelle Aufwand war einfach zu groß. Jetzt gab es wieder den handelsüblichen Magermodelquark auf den *Brigitte*-Seiten – Proteste der Leserinnen blieben weitestgehend aus. Ganz offensichtlich wollen Frauen die Normalgewichtigen gar nicht sehen.

Hinzu kommt: Es ist ja nicht nur cool, dünn zu sein, es ist vor allem uncool, dick zu sein. Dick ist doof, und dick ist vor allem assi. Dick sind im Fernsehen die Leute im Nachmittagsprogramm, die den Dativ für eine Stellung beim Sex halten, die sich ohne Zähne im Mund niederbrüllen und bei *Auf Streife* aus der ranzigen Bude geknüppelt werden. Studien zeigen, dass Kinder aus benachteiligten Schichten deutlich häufiger von Fettsucht betroffen sind als Mittelschichtkinder.

Liegt es an den Medien, an Formaten wie dem *Bachelor* und *Germany's Next Topmodel*, in denen ihr nur nach eurem Körper benotet werdet? An all den Plakatwänden voller Bikinischönheiten, die euch die Tränen in die Augen schießen lassen – einfach, weil kaum eine Frau so aussehen kann und vielleicht auch nicht so leben will, dass das möglich ist? Das Leben ist mehr als ein Salatblatt zum Frühstück!

Sarah fragte mich immer wieder vor dem Fernseher: «Findest du die attraktiv?», wenn wir den eindimensionalen Quatsch guckten. Nun ist diese Frage aus dem Mund einer Frau Glatteis, auf dem man als Typ nur ausrutschen kann, im schlimmeren Falle brechen wir uns die Knochen, wenn wir uns ungeschickt anstellen. Aber, liebe Frauen, ich gab eine Antwort, die ich mit der Mehrheit aller Männer teile: Ja, natürlich sind diese Mädels nett anzusehen, mal mehr, mal weniger. Aber wollen wir die zu Hause haben? Wollen wir mit denen über den Syrienkonflikt diskutieren, wollen wir mit denen in die Karibik fahren, lachen, weinen, Wein trinken und Serien auf Netflix gucken? Wollen wir denen von unserem Alltag erzählen, während wir dabei in große ausdruckslose Kulleraugen gucken? Nein, das wollen wir nicht, diese Dinge wollen wir mit euch tun, die ihr ein Leben und einen Körper habt wie wir auch.

Das Problem nur auf Fernsehen und Werbung zu schieben, ist zu einfach. Frauen werden nach wie vor stärker als Sexobjekt wahrgenommen: In einer Studie mussten sich 78 Teilnehmer Fotos von Frauen und Männern in Unter- oder Badewäsche anschauen. Beim zweiten Versuch bekamen die Probanden die Bilder noch einmal gezeigt und zusätzlich eine kopfstehende Variante, die sie den zuvor gezeigten Bildern zuordnen sollten. Die Teilnehmer erkannten die ursprünglichen Männerfotos schlechter, wenn sie falsch herum gezeigt wurden. Bei den Frauenfotos machte es kaum einen Unterschied, ob sie auf dem Kopf standen oder nicht. Schlussfolgerung: Männer werden eher als Personen, Frauen eher als Objekte gesehen. Nur zur allgemeinen Beunruhigung: Das war bei den weiblichen Versuchsteilnehmern genauso.

Stereotype aus den Köpfen zu hämmern ist verdammt schwer – selbst wenn man sie auf den Kopf stellt.

Wenn wir diesen Befund nun anwenden auf ein Zeitalter, das Bilder aus allen Winkeln zum Heiligtum erklärt hat, wird es für euch Frauen richtig brutal. Andauernd kommt es darauf an, wie wir aussehen, ob alles sitzt und passt und trotzdem Luft hat. Mit *Facetune* kann ich auf *Instagram* jetzt auch die kleinste Falte, noch den letzten Mitesser ausradieren – wie früher in der Schule die falschen Mathe-Hausaufgaben beim Abschreiben in der großen Pause. Mit *InstaWeather* kann ich mir dann, garantiert gesichtsgebügelt, wie ich bin, das Wetter aus Miami hinter mein Dezemberselfie in Wuppertal-Oberbarmen basteln. Ich bin erst dann perfekt, wenn nichts mehr von mir übrig ist.

In der Bibel heißt es, der Mensch solle sich die Erde untertan machen. Seitdem Religionen und Kirchen als Gesetzgeber des alltäglichen Lebens ausgedient haben, machen wir uns unseren Körper untertan. Ihn können wir beherrschen, formen, hier können wir uns selbst erfinden, unser eigener Gott werden, Eigenverantwortung übernehmen, wie es uns ständig eingehämmert wird. Wir, die heimatlosen mobilen Treibhölzer der Gegenwart, setzen unsere Anker nur noch bei uns selbst. Darauf können wir uns verlassen. Heute gilt: Zeige mir, wie du aussiehst, und ich sage dir, wer du bist.

Und das kann dann gar nicht früh genug losgehen. Meine Freundin Ulrike, die zwei pubertierende Kinder hat, erzählt schockiert davon, dass sich schon Zwölfjährige komplett rasieren wollen, häufig, obwohl sie noch gar keine Haare haben. All die Mädchen, die heute mit *Louis Vuitton*-Taschen in die Schule kommen, Hot Pants und Lippenstift mit 14 Jahren! Früher, sagt sie, sind wir noch mit *Fruit of the Loom*-T-Shirts losgegangen, die besonders schlabberig waren. Das war ein Protest, ein Auflehnen gegen die Schönheitsdiktatur, gegen die Reduktion der Frau auf ihr Äußeres und all die Sexismen, die sich dahinter verbergen. Sich schick machen für Jungs, das galt als freiwillige Unterdrückung. Handtaschen in der Ellenbogenbeuge, das waren Tussisymbole, «dafür wären wir ausgebuht worden. Rucksäcke haben wir getragen, Schulranzen, praktisch mussten sie sein, Fehlstellungen sollten sie verhindern, das war's!» Ich verstehe sie gut, denke aber: Wenn du heute eine Mutter hast wie Ulrike und auch nur ein bisschen rebellieren willst, dann gelingt das nur, indem du sie mit dem schockst, was sie garantiert verabscheut – und das ist die Unterwerfung unter die Gesetze der Sexyness, die mit Freiheit verwechselt werden.

Die britische Feministin Angela McRobbie geht davon aus, dass das Schönheitsregime, in das Frauen eingeschlossen sind, das Patriarchat abgelöst hat: «Diese ständige Selbstbewertung, der Selbsthass kontrolliert die Frauen. Selbstkontrolle statt Fremdkontrolle», sagte sie in einem Interview in der *taz*.

Die Wirkmacht des Patriarchats mag ausgedient haben, in vielen Frauen lebt es versteckt fort: Sie haben diese Kontrollinstanz der Unterdrückung einfach internalisiert und unterdrücken sich jetzt selbst durch Selbstkontrolle. Das Panoptikum, das der englische Philosoph

Jeremy Bentham bereits im 18. Jahrhundert beschrieb, war ein Gefängnis, in dessen Mitte ein Turm stand, von wo aus die Bewacher die Gefangenen minuziös überwachen konnten, dabei aber selbst nicht gesehen werden konnten. Diese Fremdüberwachung ist heute erweitert worden durch die Selbstüberwachung. Wir leben heute wie Gefangene, die in der Zelle Selfies machen und das für Freiheit halten. Wir sind für Datenschutz, aber benutzen iPhones, weil sie so schön und so einfach sind. Wir sind Gefangene und Aufseher, Täter und Opfer in einer Person. Wir werden nicht mehr ausgebeutet, wir beuten uns selbst aus. Neulich schaute ich mir im Internet eine Jacke an, machte einen Preisvergleich, entschied mich dagegen, weil sie mir zu teuer war. Seitdem poppt die Jacke in allen Ecken als Anzeige auf, wochenlang ging das so. Ich war kurz davor, sie zu kaufen, damit ich sie nicht mehr sehen musste.

Was die totale Fremd- und Selbstüberwachung bedeuten, müssen vor allem Frauen erleben. In den letzten Jahren wurden immer wieder Stars, darunter Lena Meyer-Landrut und Hollywood-Star Jennifer Lawrence, von Hackern erpresst, die Nacktselfies von ihnen veröffentlichen wollten, indem sie Clouds knackten und Laptops stahlen. Nun kann man einwenden: Schön blöd, wenn eine Frau so doof ist und Nacktbilder naiv in irgendwelchen digitalen Wolkenkuckucksheimen speichert. Ja, es ist naiv, aber das Argument ist nur die Vorstufe zum «Wer einen kurzen Rock anzieht, ist selber schuld»-Geschwafel. Der heimliche Herrscher im totalitären digitalen Überwachungsstaat, der Hacker, unterwirft den nackten weiblichen Körper durch öffentliche Zurschaustellung. Es ist wie eine Vergewaltigung am Pranger. Das Mittelalter ist wiederauferstanden – wir nennen es nur scheinheilig Transparenz.

Die höchste und zugleich brutalste Form der Selbstkontrolle der Frau heute ist die Magersucht. Sie und die Bulimie sind die krassesten Auswüchse des gegenwärtigen Perfektionswahns. Die betroffenen Patientinnen sind meist intelligent, wirken unkompliziert, beeindrucken durch Fleiß und Disziplin, sie haben ungeheuer hohe Ansprüche und Erwartungen an sich selbst, denen sie meist nicht genügen können, was auch für ihr Umfeld gilt. Scheitern sie an sich und ihren Erwartungen, kommt es zu massiver Selbstkritik, die keine Grenzen mehr kennt. Alles wird kontrolliert, gezählt und abgemessen: die Kalorien, die verbrannt, die Schritte, die gegangen, die Zutaten, die gegessen werden. Die Selbstkontrolle über das Gewicht verschafft das Gefühl der Selbstdisziplin, der Willens- und Schaffenskraft, Durchsetzungsvermögens, der absoluten Herrschaft über sich selbst. Die passende Technik gibt es längst: Pulsmesser, Fitness-Apps, Schritt- und Kalorienzähler, die ganze Klaviatur der Unterwerfung im Mantel der Befreiung. Die Zwei-Klassen-Gesellschaft der Zukunft besteht aus denen, die ihre 10 000 Schritte am Tag nachweisen können, und dem lauffaulen Pöbel, der das nicht auf die Kette kriegt.

Zwar gibt es auch immer mehr Männer, die von Magersucht betroffen sind, aber insgesamt sind wir noch immer deutlich in der Minderheit: Auf zehn magersüchtige Frauen kommt ein Mann. Zumal es bei Männern weniger auffällt: Meist werden sie nicht dünn, sondern treiben übermäßig Sport und wollen Muskeln aufbauen.

Die Neigung zum Abmagern, zum Weniger, das mehr sein soll, zeigt sich in sämtlichen *Low Fat*-Bewegungen, dem ganzen Entschlackungs- und Entschleunigungs-Landlust-Biedermeier-Kult der Gegenwart: Bier ohne Alkohol, Zigaretten ohne Tabak, Kaffee ohne Koffein, Sex ohne Partner. Allem, was Spaß macht, haben wir den Zahn gezogen. Fett-, kalorien-, keim- und glutenfrei rennen wir atemlos durchs Leben. Hauptsache, wir sind kontrolliert und bleiben Abhängige. Wenn's ganz wild kommt, verirren wir uns auf Bahnhöfen in Raucher-Quadrate. Unter freiem Himmel! Das ist definitiv ein Grund, warum das Ausland wieder Angst vor uns haben sollte.

Von der weiblichen Lust

Der Stamm der Canela, der im Nordosten Brasiliens ansässig war, glaubte lange, es brauche mehrere Ejakulate, um ein Kind zu zeugen. So suchten sich die Frauen mehrere Beischläfer zu ihrem Ehemann. Hübsch sollten die sein, gut im Bett und klug. Mit anderen Worten: perfekt wie die Frauen von heute.

Damit waren sie tatsächlich erstaunlich nah an unserer Zeit. In einer kanadischen Studie zeigte man Männern und Frauen jeweils zwei Minuten lange Sexclips – hetero- und homosexuelle, plus einen Clip von sich paarenden Bonoboaffen. Männer reagierten erwartungsgemäß: Heterotypen fuhren ab auf alles außer Tiere. Und

Schwule. Ihre Aussagen in den anschließenden Interviews stimmten mit den physiologischen Messungen überein. So ist er, der Mann, einfach und berechenbar. Heilloses Chaos dagegen bei Frauen. Sie zeigten Spuren von Erregung bei allen Clips, sogar bei den Affen. Selbst wenn Heterofrauen leugneten, dass der Anblick von Sex mit anderen Frauen sie errege, zeigten die Messungen entsprechende Reaktionen. Die Erklärung der Wissenschaftler: Weibliche Sexualität ist zweigeteilt. Die körperliche Erregung sagt nichts aus über die Lust im Kopf einer Frau.

Frauen und Männer sind heute bedeutend offener als noch in den 1990er-Jahren. Viel mehr Paare gucken zusammen Pornos, benutzen Dildos und Vibratoren, probieren Fessel- und Rollenspiele. Treue und Ehrlichkeit spielen dabei eine überaus große Rolle. Und trotzdem: Nach wie vor zeigen Studien, dass Frauen noch immer größere Hemmungen haben, sich mit dem eigenen Körper auseinanderzusetzen. Woran das liegt, darüber kann ich nur spekulieren. Liegt es an dem bereits beschriebenen Körperkult? Tatsächlich hat nicht einmal die Hälfte aller Mädchen zwischen 16 und 19 Jahren schon einmal masturbiert, bei Jungen sind es 97 Prozent. Frauen haben nach wie vor größere Probleme, zum Orgasmus zu kommen, als Männer. Gründe: mangelnde oder unzulängliche Stimulation durch den Mann (er schraubt an ihr herum wie an einem Mofa), Probleme in der Partnerschaft («Nie hörst du mir zu!») und Angst vor Kontrollverlust.

In der Geschichte war weibliche Sexualität, die Lust der Frau, immer unterdrückt – vom Sündenfall in der

Bibel über die Büchse der Pandora bis hin zur weiblichen Genitalverstümmelung bei Mädchen heute. Im Bürgertum sollte die Frau dafür sorgen, dass es zu Hause schön war und vor allem, dass sie selbst schön war: die ganze Frau eine einzige Korkenzieherlocke. Auf der anderen Seite gab es die Hure, dazwischen war nichts.

Nur indem die «echte» Frau jahrhundertelang für das Vernünftige, Schöne und Reine stand, konnte sich die Welt der Prostitution etablieren, wo das Wilde und Dreckige zu Hause ist, damit im eigentlichen Zuhause der Schein der weiblichen Reinheit aufrechterhalten werden kann.

Für die Generation meiner Oma war Sex eine Art Pflicht, weil es der Mann eben brauchte und wollte. Frauen hatten ihn über sich ergehen zu lassen.

Als meine Mutter mit 21 Jahren einen Tanzkurs machte, wurde sie von ihrem Vater abgeholt, damit sie sich auch sicher nicht mit einem dieser Typen einließe, die hier ihr Unwesen trieben. Obwohl meine Mutter aufgrund ihrer Erziehung ohnehin schon zutiefst verunsichert und eingeschüchtert war, wurde ihr unterstellt, sie wolle im Tanzkurs nur die Männer angraben, was eine Frau tunlichst zu unterlassen habe. Meine Oma, die auf Jugendfotos einen sinnlichen Mund hatte, wurde von ihrem Mann sogar aufgefordert, ihre Lippen einzuziehen, um ja nicht die Kerle heißzumachen mit ihrem Schmollmund. So lief sie ein Leben lang mit diesem verkniffenen Gesicht durch die Gegend, das sie im Alter so mürrisch wirken ließ.

Die breite Gesellschaft wehrt sich bis heute gegen die

Vorstellung, dass Frauen und Mädchen Sex um seiner selbst willen haben wollen. «Wir haben uns nicht nach Erregung, Ekstase und Schweißgeruch auf der Haut zu sehnen», schreibt die britische Feministin Laurie Penny in ihrem Buch *Unsagbare Dinge*. Eine schnelle Nummer, unverbindlichen, entschieden eingeforderten Sex von einer Frau kann es nicht geben und wenn, dann nur scheinbar, in Wahrheit aber dem Mann zuliebe. Das machen aber nur billige Frauen, Flittchen, die dümmlichen kleinen Schwestern der Schlampe. Lasst ihr euch wider Erwarten doch auf Sex ein, nach dem dritten, fünften oder siebten Date, je nachdem, was die *Rules* da gerade vorschreiben, dann dürft ihr keinen Orgasmus haben – ihr müsst ihn haben, und zwar mehrfach! Gelingt das nicht, müsst ihr ihn simulieren. Auch hier habt ihr Ansprüchen und Erwartungen zu genügen, es herrscht erneut Beweis- und Lieferdruck, und zwar termingerecht.

Tritt der Höhepunkt nicht schnell, heftig und intensiv genug ein, habt ihr ein fettes Problem. Kriegt der Mann keinen hoch, hat er wahrscheinlich Stress, der arme Leistungsträger. Habt ihr keine Lust, seid ihr krank und müsst dringend behandelt werden. Der Gipfel der Idiotie ist Viagra für Frauen. *Pink Viagra* heißt das Zeug in den USA, wo es auf dem Markt ist. Schon die Idee, ein Produkt «pink» zu nennen, weil es für Frauen ist, kann nur den dollartrunkenen Kleinsthirnen irgendwelcher Pharmafatzkes entspringen. Warum nicht gleich *Barbie Viagra*? Die Frau, die immer will, wenn sie kann, und immer muss, wenn sie will. Mit *Pink Viagra* sind endlich alle Frauen so wie bei *YouPorn*. Und die *Pink Viagra-*

Spam-Mails enthalten Sonderangebote von *Zalando*. Der Geschlechtergerechtigkeit halber muss das Viagra für Männer dann aber «Viagra Blau» heißen, schließlich ist der Mann oft dann spitz, wenn er hackebreit ist.

So wie das Männer-Viagra ursprünglich ein Herzmedikament sein sollte, hatte auch *Pink Viagra* eigentlich einen anderen Auftrag: Es war als Antidepressivum gedacht, das allerdings leider nicht half. Weil aber ein paar Mäuse im Labor nach dem Test rallig wurden, dachte man: Damit kriegen wir auch die Frauen spitz! Willkommen zu einer neuen Folge aus der beliebten Reihe «Gesundheit ist auch nur eine Krankheit, die noch nicht entdeckt worden ist». Und eine Krankheit ist dann eine Krankheit, wenn ein Pharmahersteller ein Medikament gefunden hat, mit dem er Geld verdienen kann.

Das geht einher mit der beunruhigenden Reanimation einer nach wie vor quicklebendigen verklemmten Sexualmoral, die ein katholischer Priester nur beneiden kann: Der Singlemann ist ein *lonesome rider*, ein Einzelgänger, Held der Nacht, wahrscheinlich zu cool, zu erfolgreich, zu verrückt für den konventionellen Beziehungsquatsch. Die Singlefrau dagegen hat keinen abgekriegt, ist mit Sicherheit wahnsinnig kompliziert, schwierig, zickig, frigide und überhaupt schon nach wenigen Tagen ein Hausdrachen.

Glauben wir Studien, so sind es meist Frauen, deren sexuelles Verlangen in längeren Partnerschaften nachlässt. Warum ist das so? Zum einen, und das ist hart, liebe Frauen, ist die schöne Gleichberechtigung schuld: Wir Männer unterdrücken unser angebliches «Neandertaler-Ich», holen die Kinder von der Krippe ab, waschen ab, trocknen ab und hängen auf, teilen uns Elternabende, achten darauf, dass ihr im Bett Spaß habt, nehmen uns zurück, bedrängen euch nicht und sind brutal einfühlsam. Und was ist der Dank? Zu brav, um heiß zu sein. Wo ist nur der draufgängerische Chaot, in den ihr euch einst verliebt habt?

In zahlreichen Studien konnten Forscher zeigen, dass Paare, die ein eher traditionelles Modell leben, häufig mehr und besseren Sex haben. Je gleicher wir werden, je mehr Blusen er bügelt, desto eher wird gekuschelt und nicht gevögelt. Spätestens wenn er weniger verdient als sie, hängt der Haussegen erst richtig schief, auch bei ach so fortschrittlichen Frauen: Ist sie Managerin, Ärztin oder Richterin und er Busfahrer oder Handwerker, so verkauft sie ihn öffentlich gern mal als Berater oder Künstler.

Eine andere Antwort hat die Bindungstheorie. Sie geht davon aus, dass in jedem Menschen zwei Lebensmodelle miteinander konkurrieren: der Wunsch nach Sicherheit und der Wunsch nach Abenteuer. Beide Seiten wechseln sich ab, sind mal stärker, mal weniger stark, konkurrieren miteinander und sorgen dafür, dass manch einer von ihnen zerrissen wird. Heute legen wir ein großes Gewicht auf emotionale Sicherheit – häufig wird die Partnerschaft die einzige Quelle der Stabilität in einer Welt, die sonst nur Unsicherheit zu bieten hat. Das Zeitalter der Angst fordert ihren Tribut – das emotionale Backup, die Cloud der Wünsche und Sehnsüchte, lässt mit der Vertrautheit, Wärme und der seelischen Heimat auch die sexuelle

Langeweile wachsen. Die Phantasie der vollendeten Verschmelzung, die heute ungebrochen stark scheint, ist der Kern des einschlafenden Sex. Der Philosoph Arthur Schopenhauer hat das in seiner berühmten Parabel von den Stachelschweinen zusammengefasst (siehe seine Gesammelten Werke, *Fabeln und Parabeln*): «Eine Gesellschaft Stachelschweine drängte sich an einem kalten Wintertage recht nah zusammen, um sich durch die gegenseitige Wärme vor dem Erfrieren zu schützen. Jedoch bald empfanden sie die gegenseitigen Stacheln, welche sie dann wieder voneinander entfernte. Wenn nun das Bedürfnis der Erwärmung sie wieder näher zusammenbrachte, wiederholte sich jenes zweite Übel, sodass sie zwischen beiden Leiden hin und her geworfen wurden, bis sie eine mäßige Entfernung voneinander herausgefunden hatten, in der sie es am besten aushalten konnten.» Was ist nun die mäßige Entfernung? Psychologen nennen das emotionale Autonomie. Beide Partner kennen sich, ihre Wünsche und Erwartungen, ihren Körper, ihre Trümpfe und ihre Defizite. Vielleicht wäre das die wahre Selbständigkeit und nicht die verzweifelten Versuche von Männern und Frauen, sich ihrer Unabhängigkeit zu versichern und das frühpubertäre Spiel der Unantastbarkeit und Unerreichbarkeit zu spielen, nur um garantiert stärker und freier zu wirken?

Wie sieht die befreite weibliche Lust nun aus? Am spannendsten bleibt die Frau, die weiß, was sie will, das zeigen, einfordern und formulieren kann. Je weniger wir dabei von uns aus spüren und perfekt umsetzen müssen, umso schöner und entspannter wird es. Für alle.

In Handschellen – warum
Frauen *Shades of Grey* lieben

In Sachen emanzipierter Lust und Sexualität sind wir also schon weitergekommen, wenn auch durchaus noch Luft nach oben ist. Umso erstaunlicher ist es, wie in dieser Zeit, in der Augenhöhe, Aushandlung, Stabilität und Sicherheit zwischen Partnern der Heiland ist, in der Gleichheit und Konsens zwischen den Geschlechtern das einzig erstrebenswerte Ziel darstellen, die SM-Schmonzette *50 Shades of Grey* zum erfolgreichsten Frauenbuch der letzten Jahrzehnte avancieren konnte. Möglicherweise ist das ja folgerichtiger, als wir zunächst glauben. Mit über 70 Millionen verkauften Büchern weltweit immerhin einer der erfolgreichsten Texte aller Zeiten, eine Art *Hanni und Nanni* für Erwachsene, Rosamunde Pilcher ohne Herrenhäuser, aber mit Handschellen.

Geschrieben von einer Frau aus der Sicht einer Frau für die lesende Frau. Von der Kritik mit spitzen Fingern angefasst, sicher alles andere als eine literarische Meisterleistung und wahrscheinlich gerade deshalb erfolgreich. Falls Sie zu den drei Frauen gehören, die das Buch noch nicht kennen – Glückwunsch! und eine kurze Inhaltsangabe. Achtung, Spoiler Alert!

Die Studentin Anastasia, genannt Ana, kurz vor dem Start einer Verlagskarriere, lernt den wahnsinnig reichen, wahnsinnig großen, wahnsinnig starken, wahnsinnig gutaussehenden und – natürlich! – wahnsinnig potenten SM-Freak Christian Grey kennen, der sie als Sex-Sklavin hält, alles sauber vertraglich geregelt. Die titelgebenden 50 Shades sind die unterschiedlichen, zutiefst widersprüchlichen Facetten seines Charakters: geheimnisvoll, abstoßend, anziehend, zärtlich, brutal. Dieser Mann hat im klassischen Sinne Macht über Ana – und zwar so, dass es kracht. Im zweiten Teil der Trilogie wird aus Sex Liebe, und Grey macht Ana einen Heiratsantrag. Im letzten Band ist das Eheleben der beiden zu bestaunen und der Kampf Anas um Eigenständigkeit, die nun just in dem Verlag arbeitet, den Grey gekauft hat.

Viele feministische Kritikerinnen warfen dem Roman ein rückwärtsgewandtes Frauenbild vor: das der Frau, die heimlich den Beschützer sucht und sich damit in Lichtgeschwindigkeit zurück in die teuflischen Strukturen des Patriarchats katapultiert. Sich dem Stier freiwillig erst als Gespielin und später auch noch als Ehefrau zu unterwerfen, statt ihm die Klöten abzuknipsen – wo kommen wir denn da hin? Wenn das Artemis wüsste!

Diese Kritik geht meiner Ansicht nach komplett an der Sache vorbei: Erstens sucht die Protagonistin Ana die Unterwerfung gezielt beim Sex, nicht im Leben, hier ringt sie mit sich und dem Grad ihrer Unabhängigkeit wie viele Frauen. Zweitens zeigt *50 Shades of Grey*, dass Gleichheit am Tag und Unterwerfung in der Nacht eine wunderbare Liaison eingehen können. Oder anders: Tagsüber kann Frau souverän, streng, hart und straight sein, um abends auszurufen: «Fick mich, verdammt noch mal.» Das Problem besteht nicht in der selbstherabwürdigenden Geste der Unterwerfung der Frau, sondern in einer deplatzierten Überhöhung des Gleichheits-Begriffs. Gleichheit zwischen Mann und Frau ist einzig erstrebenswert in der

Sphäre des Rechts, in dem ihre Ungleichheit keine Rolle spielen darf – und wo, by the way, noch jede Menge zu tun ist: Ein Blick auf die Gehaltsunterschiede zwischen Männern und Frauen genügt als Beweis.

Abseits der Chancengleichheit bleiben Männer und Frauen verschieden und entzünden sich hoffentlich an ihrer Differenz, indem sie die ganze Klaviatur möglicher Rollen bespielen. Das bedeutet keineswegs, veraltete Stereotype zu reanimieren. Männer dürfen «weibliche» Seiten haben, Frauen «männliche». Ich selbst habe viele Facetten, die, je nach Ansicht, verdammt unmännlich wirken können: Mein Interesse an Autos beschränkt sich auf die Frage, ob ich meine zu langen Beine auf zu langen Strecken irgendwie ausstrecken kann. Ich interessiere mich nur während EM und WM für Fußball, schreie, weine und jubele eher in mich hinein und fliege nicht mit anderen Typen in den Männerurlaub nach Malle. Ich bin technisch mittelmäßig und handwerklich unterbegabt. Wer also auf lötende, hämmernde und beim 3:0 laut brüllende echte Kerle steht, wird von mir nachhaltig enttäuscht werden. Darum habe ich oft Frauen kennengelernt, die besonders gern Auto fuhren, hämmerten, schraubten und bohrten, den Geruch des Handwerkerkellers an der Vaterbrust wie Muttermilch aufgesaugt hatten. Auch wenn ich weiß, dass Frauen es wahnsinnig sexy finden, wenn er mal eben halbnackt unterm Auto liegend den SUV neu zusammenschraubt, hat mich meine schrauberische Impotenz nie wirklich beschäftigt. Ich kann dafür fehlerfrei die Wäsche aufhängen. Gerne auch halbnackt!

Es geht um vollständige Gleichbehandlung der Geschlechter, nicht um vollständige Gleichartigkeit. Die schönste Formel im Verhältnis von Männern zu Frauen stammt vielleicht vom englischen Dichter Alfred Lord Tennyson: «Gleichsein im Unterschiedensein.»

Unterwerfung im Bett ist also kein Widerspruch zu Selbstbewusstsein im Leben, sondern ihre Ergänzung. In Bezug auf Männer weiß man schon länger: Oft sind es gerade solche in Machtpositionen, die in SM-Beziehungen den devoten Part übernehmen.

Doch dass die Sehnsucht nach sexueller Unterwerfung auch bei euch Frauen groß ist, legen mehrere Studien aus den USA nahe: Demnach hat fast die Hälfte von euch Phantasien davon, zum Sex gezwungen zu werden, was nicht bedeutet, dass auch alle diese Phantasie leben wollen. In Deutschland wünscht sich mehr als die Hälfte aller Frauen, härter angefasst zu werden, während Männer eher auf Blümchensex stehen.

Und vielleicht spielt noch ein anderer Aspekt eine Rolle: Möglicherweise ist SM-Sex perfekt für eine Beziehungswelt, in der Mann und Frau auf Schritt und Tritt alles aushandeln müssen? Er folgt einem Skript, es gibt klare Riten und Gesten, klare Rollenverteilungen, alle Handlungen können mit einem Kennwort beendet werden. Diese Sex-Parallelwelt ist nicht das verruchte, leicht perverse Gegenstück zu den Beziehungswelten der Gegenwart, sondern ihre Weiterführung, ihr Zerrspiegel. «Die nach festen Regeln ablaufenden sadomasochistischen Praktiken können nur kultivierte Verstandesmenschen interessieren, auf die Sex keine Anziehung mehr ausübt», lässt Michel Houellebecq dann auch konsequenterweise eine Figur in seinem Roman *Plattform* sagen. SM ist der Sex des Zeitalters, in dem Kontrolle, Berechnung und Effizienz die höchsten Werte sind, in der die Suche nach Eindeutigkeit so entscheidend geworden ist wie die Frage, was es morgen zu essen gibt.

Wenn die Welt draußen schon kompliziert und unordentlich ist, dann soll wenigstens die eigene kleine Liebeswelt übersichtlich sein. Das verbindet den Hype um SM-Praktiken mit Dating-Plattformen wie *Tinder* und *Parship*. Dort gibt es nur eindeutige, klare Antworten und Anweisungen: ja oder nein, nach rechts wischen oder nach links, heiß oder hässlich, annehmen oder ablehnen, Freund oder Feind. Wo die Optik herrscht, ist die neue Einfachheit nicht weit: ein Bild, ein Reiz, drei Stichworte. Das Auge wischt mit. Bloß kein Kontrollverlust. *Tinder* und Co. sind die Rückkehr zur arrangierten Ehe mit den technischen Möglichkeiten von heute. In einer Zeit, die Risikominimierung und Effizienzmaximierung als höchstes Gut anerkannt hat, ist das Kennenlernen online das Beste, was passieren kann. Schon vor dem ersten Treffen kennt man fast alle Eigenschaften des potenziellen nächsten Partners (zumindest das, was er von sich hält) und hat alles, was das Leben ausmacht, ausgeschlossen: Planlosigkeit, Irritation, Zufall, Überraschung. Meine Freundin Maren hatte mit ihrem späteren Partner vor dem ersten Treffen so viele Mails ausgetauscht, dass man damit die gesamte Autobahn von Hamburg bis Freiburg hätte pflastern können.

Letztlich funktionieren wir nach dem Vorbild von Betriebssystemen: Wenn wir überhaupt starten, dann bitte im abgesicherten Modus. Der Musiker Maxim hat das in seinem Song *Meine Soldaten* auf den Punkt gebracht: «Immer wenn mein Herz nach dir ruft und das Chaos ausbricht in mir drin, schicke ich meine Soldaten los, um es wieder zum Schweigen zu bringen. Bis es geknebelt, gebrochen ist und weggesperrt und mir endlich gehorcht, mein armes Herz.»

Nein heißt Nein
und Ja heißt Ja

Bei allem Verständnis für den Wunsch nach Eindeutigkeit und festen Spielregeln, wie es sich im Siegeszug von *Shades of Grey* und dem schlichten Ja oder Nein von *Tinder* und Co. auszudrücken scheint, hat Sex hoffentlich nach wie vor spielerische Züge.

Ihr Frauen macht uns jedenfalls in Sachen Flirten nichts vor. Ihr beherrscht dieses ironische, von seiner Natur her doppeldeutige, uneigentliche Sprechen spielend. Ich kann mich jedenfalls nicht erinnern, von einer Frau jemals mit einem tumben «Na, auch allein hier?» angesprochen worden zu sein. Vielmehr ist euer Flirten schwebend und meint oft genau das, was es nicht sagt, und sagt, was es nicht meint, sein Raum ist zwischen den Zeilen und nicht in ihnen. Flirt ist Leben in Anführungszeichen. Da kann ein Nein ein verstecktes Ja sein, es kann ein Vielleicht sein, die Aufforderung an den Mann, sie erst einmal wirklich zu erobern, es kann unentschlossen, entschieden, ironisch, herablassend, anmachend, aufbegehrend, ehrlich, verlogen, zweifelnd und unzweifelhaft eindeutig sein. Die erotische Zeichensprache ist mehrdeutig.

Trotzdem besteht der Wunsch nach Klarheit und Eindimensionalität. Und das wirkt sich mittlerweile auch auf die Rechtsprechung aus. Wenn es um Frauen und Sex geht, dreht sich fast alles um ihren Schutz durch Gesetze, in denen die letzten Lücken dringend geschlossen gehören.

Blickt man auf die gegenwärtige Situation, scheint das nur allzu verständlich: Sexuelle Gewalt gegenüber Frauen ist nach wie vor ein riesiges Problem. 94 Prozent der Opfer von angezeigten Vergewaltigungen sind weiblich. Die Dunkelziffer soll massiv höher sein, als es die offiziellen Statistiken zeigen. 2016 wurden in Deutschland 7000 Vergewaltigungen angezeigt. Experten gehen davon aus, dass das nicht einmal jede fünfte ist. Die anderen schweigen und lassen die Qualen über sich ergehen. Jede dritte Frau in Europa hat als Erwachsene körperliche oder sexuelle Gewalt erlebt, ist also getreten, begrapscht, genötigt oder zum Sex gezwungen worden. Für uns Männer unvorstellbar.

Drei Umarmungen von wildfremden Männern, zwei Klapse auf den Hintern, ein hochgehobener Dirndlrock und ein absichtlich ins Dekolleté geschütteter Bierschwall sind die Bilanz einer Kellnerin auf dem Münchner Oktoberfest – nach 30 Metern morgens um elf. Hinzu kommt in solchen Fällen oft der bis heute unsägliche Vorwurf, dass Frauen im Grunde selbst schuld seien, weil sie sich so sexy gekleidet haben, wie die Männer, die ihnen das vorwerfen, sie sonst immer sehen wollen.

Dass sexualisierte Gewalt vor allem (fast 99 Prozent) von Männern ausgeht, ist empirisch schwer zu bestreiten; Leidtragende sind sowohl Frauen als auch Männer. Die Anzahl der Frauen, die Männer unter Androhung oder gar Anwendung von Gewalt zum Sex zwingen, ihnen zwischen die Beine fassen oder sie in Silvesternächten spontan auf Domplatten begrabbeln, ist nach allem, was wir wissen, vergleichsweise überschaubar.

In den meisten Fällen kennen sich Opfer und Täter, allzu oft ist es der eigene Partner, ein Freund, ein Bekannter. Nur ein kleiner Teil der sexuellen Übergriffe findet überraschend im Park oder im Parkhaus statt. Tatsächlich aber ist Vergewaltigung in der Ehe erst seit 1998 strafbar, und die heutigen Frauenaktivisten Kauder, Seehofer und Steinbach versuchten selbst das mit allen Mitteln zu verhindern.

Damit sind wir beim Rechtswesen: Seit dem Sommer 2016 gibt es in Deutschland ein neues Sexualstrafrecht. Es hat mit der tautologischen Formel «Nein heißt nein!» von sich reden gemacht. Auch wenn es, wie es sich für Gesetze in Rechtsstaaten gehört, geschlechtsneutral formuliert ist, ruft es dem aufmerksamen Leser unüberhörbar zu, wer hier Täter (Überraschung: der Mann!) und wer Opfer (Überraschung: die Frau!) ist.

Nicht nur, dass die Verschärfung des deutschen Sexualstrafrechts der halbgare Versuch ist, Eindeutigkeit und Zweifellosigkeit zu schaffen, wo oft genug Ambivalenzen und Unsicherheit herrschen. Sondern in seiner

Formulierung selbst ist es für die Opfer nachteilig. Schon im Entwurf des verschärften Paragraphen 177 StGB stand: «Das Opfer muss einen der sexuellen Handlung entgegenstehenden Willen zum Ausdruck bringen.» Das Opfer soll also, als ob es nicht schon genug durchmachen würde, auch noch mitarbeiten, verbal durch «Nein!» rufen oder konkludent durch Weinen oder andere körperliche Abwehr beweisen, dass es nicht will.

Das ist erstens kein Fortschritt und zweitens als Forderung an das Opfer eine Unverschämtheit. Es ist in etwa so absurd, als würde Ihr Auto geklaut und Sie würden mit angeklagt werden, einfach nur, weil es Ihnen gehört hat. Und was bitte ist ein «entgegenstehender Wille»? Ist ein Opfer, das zu überrumpelt, geschockt oder sonst wie nicht in der Lage war, sich unzweifelhaft zu artikulieren oder überzeugend zu weinen, gar keines, egal, was ihm passiert ist?

In jedem Fall leisten Berichterstattung und Rechtsprechung dem so einfachen wie falschen Gut-Böse-Schema Vorschub. Denn: Ist eine Frau, die einen Mann anzeigt, prinzipiell im Recht? Gibt es nur gute, edle und hilfreiche Exemplare dieser Spezies? Und: Wenn Frauen a priori Opfer sind, die beschützt werden sollen, werden sie gerade der Autonomie beraubt, für die sie doch so lange schon kämpfen.

Vielleicht müssen wir statt Gesetzeslücken in erster Linie die letzte große Zivilisierungslücke des Mannes schließen. Vielleicht ist es die Aufgabe dieser und künftiger Generationen, einer bestimmten Gruppe von Männern Sensibilität für Zwischentöne beizubringen,

Offenheit für das Widersprüchliche, den Respekt vor Grenzen, ein Bewusstsein für die Souveränität, die im einfühlsamen Umgang mit Situationen liegt, die weder mit coolem Machogehabe oder mit gekränktem Rückzug und schon gar nicht mit Gewalt zu beantworten sind.

Wer die völlige Pervertierung des eigentlich gutgemeinten Opferschutzes kennenlernen will, darf einen Blick ausgerechnet ins eigentlich so liberale Kalifornien wagen: Hier heißt es seit einiger Zeit «Ja heißt Ja!». Nur ein ausdrückliches Ja aller Beteiligten zum Akt gibt ihm die Legitimation, ein freiwilliger zu sein und kein sexueller Übergriff. Die neueste Erfindung an der Front der Hyperkorrektheit ist ein Einverständnisbewusstseinskit, das in den USA für läppische zwei Dollar zu erwerben ist. Enthalten sind: ein Kondom, ein Stift, ein paar Atemfrei-Pfefferminz-Bonbons und ein einfacher Vertrag, der bestätigt, dass beide Parteien dem gemeinsamen Sex freiwillig zustimmen. An staatlich finanzierten US-Colleges sind Studenten mittlerweile verpflichtet, sich vor dem Akt eine Einverständniserklärung einzuholen, sonst droht Strafe.

Erschrocken stellen sich dem aufmerksamen Beobachter weitere Fragen: Werden die gewünschten Stellungen zuvor schriftlich festgehalten, oder sind alle pauschal abgedeckt? Und falls nicht: Muss das Vorspiel aus formalen Gründen unterbrochen werden, wenn sie ihm einen bläst, er dem aber zuvor nicht explizit zugestimmt hat, es aber hammergeil findet? Gibt es für Analsex, Fesselspiele, Fisting und was sonst noch so existiert an sexuellen Spielarten einen Extra-Fetischbogen? Liegt dieser als

Anlage bei, oder muss er erst downgeloadet werden? Und was, wenn die Handschellen dann schon anliegen? Also die des Partners, nicht die der Polizei! Wer unterschreibt dann und wie? Der devote Part kann nicht mehr, und der dominante darf nicht, weil er Macht hat? Oder sollte man vielleicht eher übergehen zu farbenfrohen Bändchen-Lösungen wie am Buffet im Robinson Club? Grün – all inclusive, rosa – nur Blümchensex und weiß – nur *Mindfucking*?

GELD

Frauen machen sich nur deshalb so hübsch, weil das Auge
des Mannes besser entwickelt ist als sein Verstand.

DORIS DAY

Pink Tax und ihre Freundinnen

Sprechen wir über das schwierigste Thema zwischen
Mann und Frau, über eines der letzten Tabuthemen.
Sprechen wir über: Geld. Denn das Schweigen dar-
über ist lauter als eine Horde Fußball-Hooligans kurz vor
Anpfiff des Spiels.

Auf der einen Seite verdient ihr Frauen nach wie vor
weniger als wir Männer, auf der anderen Seite zahlt ihr
mehr – und zwar für so gut wie alles, auf das man ein
Frauenlabel draufpappen kann. Man muss kein BWL-
Studium hinter sich haben, um zu bemerken, dass das
auf Dauer nicht gutgehen kann. Eigentlich müsstet ihr
schon lange den Aufstand proben, wenn man bedenkt,
dass ihr von frühester Jugend an in die ökonomische Ver-
armung gejagt werdet. Ich wundere mich nach wie vor,
warum ihr das nicht tut.

Eine ganze Armee an Düftchen-, Wässerchen- und Puderproduzenten steht bereit, um euch das Geld aus der Tasche zu ziehen, damit ihr endlich so werdet, wie euch eine Industrie einredet, sein zu müssen, damit ihr so seid, wie wir Männer euch haben wollen. Dieser Gedanke und euer fehlender Widerstand lassen ganze Industriezweige in Champagner baden.

Leider lasst ihr euch bereitwillig ein auf das, was man da gerne von euch hätte. Das zeigt sich beim sogenannten Shoppen, dem Albtraum des sonst sehr verständnisvollen Mannes. Ich kann mir das nur durch uralte Verhaltensmuster, Werbung und Werbung, die irgendwelche uralten Verhaltensmuster triggert, erklären. Was es für uns so schlimm macht, ist unser Pragmatismus. Wir Männer sind ja nach wie vor eher einfältige Einkäufer. Wir wollen einen Hoodie, sehen einen, probieren ihn an und kaufen ihn. Klamotten sind für uns Möglichkeiten zur notwendigen Körperbedeckung. Wenn sie halbwegs passen, ist das schon mal die halbe Miete, und die andere Hälfte kann man sich sparen. Sicher, auch wir sind eitler geworden, achten auf uns und wollen zuweilen ein bisschen George Clooney sein, aber eben nur ab und zu – und dann ist auch wieder gut.

Weil ihr, liebe Frauen, diese Nachlässigkeit nicht ertragen könnt, legt ihr so viel Wert darauf, uns zu begleiten und zu beraten, wann immer es geht. Wir müssen neidlos anerkennen, dass ihr einfach verdammt gute Berater seid, dass ihr wieder irgendein Detail gesehen habt, irgendeine Falte, die den oberen rechten Schenkel suboptimal betont. Dass ihr Teile auf dem Radar habt, an denen unser zwanghaftes Kaufhaus-Escape-Auge mal wieder ignorant vorbeigerauscht wäre. Dann sind wir dankbar, aber das wollen wir nicht zugeben, stattdessen reagieren wir genervt, ablehnend, weil wir das doch selber können ... wollen. In jedem Mann steckt ein kleines, rebellisches Kind, das sich auf den Boden werfen und rufen will: «Ich kann das aber alleine!», während er gerade wortlos das Gegenteil beweist.

Für uns Männer wird der Besuch in einem Körperbedeckungstempel zum Parforceritt, ihr zelebriert das förmlich. Das geht schon damit los, dass ihr ihn euren Partnern mit der in eine Frage gekleideten Aufforderung ankündigt: «Schahatz, wann gehen wir mal wieder shoppen?» Wir? Wieso wir?

Doch bevor wir diese Frage stellen, ist uns klar: Widerstand ist zwecklos. Ja, wir sagen gerne unsere Meinung, zu allem und jedem, auch ungefragt. Aber eine Meinung zu haben auf einem Feld, auf dem ihr schon vor Anpfiff mit 3:0 führt, das ist schon eine Challenge.

Neulich habe ich wieder so ein Paar beobachtet: Er lief zwei Schritte hinter ihr her, während sie aufgeregt in einem Zickzack-Gang voranging. Willkommen im Kaufhaus, Abteilung Klamotten für Frauen. Einkaufen mit einer Frau ist die Hölle. Das lässt sich sogar wissenschaftlich belegen: Frauen verbringen im Laufe ihres Lebens drei Jahre mit der Jagd nach Schnäppchen, nein, bleiben wir korrekt, mit Schnäppchensammeln. Pro Jahr sind es über 36 Stunden. Um es für die Männer etwas einfacher umzurechnen: Das sind 20 Fußballspiele. Diese Information könnte manch eine Ehe retten – du gehst shoppen, und ich gucke Fußball. Browsen nannte das meine Freundin Maren einmal, einfach durch einen Laden laufen, gucken, ein bisschen stöbern. Browsen kann Stunden dauern. Und jedes zweite Stück ist sehr schön, richtig gut, ziemlich schön. Ja, was jetzt? Das sind Grautöne der Begeisterung, die zu unterscheiden schwer möglich sind – erst recht für einen gefühlt Farbenblinden. Innerlich machen wir uns Notizen, weil wir wissen, wie gut Aufmerksamkeit ankommt, weil wir wissen, dass die schönsten Geschenke an eine Frau doch die sind, mit denen sie nie gerechnet hat. Die Dinge, deren Gefallen abgespeichert worden ist und die dann «einfach so» unterm Weihnachtsbaum liegen.

Das Schlimmste ist der Moment, wenn ihr drei Teile ausgesucht habt, in die Umkleide geht und wir geparkt werden auf diesen Sitzreihen vor den Umkleiden, zusammen mit Prosecco-Freundinnen der anderen sich Umkleidenden und ein paar ebenso leidenden Männern, denen man einen brüderlichen, wissenden Mitleidsblick zuwirft. Da daddeln wir dann hilflos auf unseren Handys rum, um Zeit totzuschlagen, versuchen, den Moment abzupassen, in dem ihr uns mit erwartungsfrohen Augen anguckt, um bestätigt zu kriegen, was ihr ohnehin schon wusstet: dass das Teil eben doch rechts unter der linken Pobacke eine Falte wirft, die euch fett aussehen lässt. Fett, das ist das Wort, das ihr immer benutzt, wenn euch ein Teil nicht gefällt. Fett werden, das ist der Albtraum. Noch schlimmer ist es aber, nicht fett zu sein, aber so auszusehen. Das ist dünnes Eis für uns, da müssen wir den richtigen Satz des Widerspruchs auf der Zunge haben, sonst ist der Ofen für Stunden aus.

Shoppen gehen mit einer Frau ist häufig wie eine Konferenz in einer Firma: Man hat viel geredet, geht am Ende aber doch mit leeren Händen nach Hause. Für euch ist ein Einkauf oft einfach die Bestätigung, dass ihr gar nichts braucht. Jedes Mal möchte ich ausrufen: «Dann kauf doch auch nichts!» Damit wäre allen gedient. Aber das ist wahrscheinlich zu einfach gedacht. Meist kauft ihr irgendeinen Fummel, den ihr nie anzieht oder den ihr spätestens zu Hause grauenhaft findet. «Wie konnte ich das nur gut finden?», fragt ihr dann. Ich sage dann immer: «Das Licht, es muss dieses verdammte Licht in diesem Laden gewesen sein. Da wird Schwarz zu Blau, wie Peter Fox sagen würde. Aber bitte, mach dir keine Sorgen, es hat nichts mit dir zu tun.» Gut, es ist eine hilflose Geste, denn spätestens jetzt ist der Umtausch beschlossene Sache, und die Reise in die schlecht ausgeleuchteten Dunkelkammern des Konsums geht von vorne los. Spätestens beim Umtausch findet ihr rein zufällig etwas, das natürlich teurer ist als das ursprüngliche Stück mit dem Farbproblem. Und schon ist wieder Geld ausgegeben.

Frauen gucken nicht nur mehr, sie bezahlen auch deutlich mehr, und das nicht nur bei Klamotten. Es gibt eine heimliche Frauensteuer: die Pink Tax. Für Produkte, die mit dem Geschlecht eigentlich gar nichts zu tun haben, werden extra «Frauen»- oder «Mädchen»-Editionen aus dem Boden gestampft – eine Welt in Rosa und Blümchen. So gibt es das Überraschungsei für Mädchen, das bei manchen Anbietern doppelt so teuer und doppelt so rosa ist wie die Jungsedition, aber leider nicht halb so fett, wofür viele Frauen vielleicht sogar das Dreifache bezahlen würden. Frauen zahlen für den pinken Einwegrasierer ein Drittel mehr als Männer für den blauen. Einen ähnlichen Aufschlag gibt es bei Parfüms, Rasierklingen und Rasiergels. Das pinke Schaumbad mit dem Namen «Sternenzauber» für Mädchen kostet bis zu 40 Prozent mehr als das blaue für Jungen mit dem schönen Namen «Saubär». Warum macht ihr das mit?

Noch weniger nachvollziehbar ist für uns euer Bestellrausch. Eigentlich sollten wir dankbar sein dafür, schließlich haben Online-Stores eine gewisse Entlastungsfunktion für uns. Wir müssen uns nicht mehr in schlecht durchlüfteten Innenstadtläden die Beine in den Bauch stehen, müssen keinen Mitleids-Prosecco mehr trinken, sondern lediglich schnell mal rüber an euren Bildschirm kommen, wenn ihr was gefunden habt, das man bestellen könnte.

Wir würden allerdings nie Klamotten übers Internet bestellen, außer ihr zwingt uns dazu oder tut es ohne unser Wissen. In einer repräsentativen Umfrage unter fünf befreundeten Männern, allesamt in Partnerschaften, kann ich sagen: Männer bestellen keine Kosmetika und keine Klamotten im Internet. Sie stellen auch nicht die Wohnung mit Kisten zu, sodass man die Klamotten vor lauter Paketen nicht mehr sieht. Ihr, liebe Frauen, findet sie natürlich, und dann müssen sie mehrfach anprobiert werden, damit ihr sie schließlich, nach langem Hadern und Zaudern, wieder zurückschicken könnt.

Da wir Männer ja nun nicht mehr durch Warten und Aussitzen gestraft sind, obliegt es uns, die Retouren zur Post zu bringen. Groß, stark und männlich wollen wir sein – jetzt können wir endlich mit vollem Körpereinsatz unter Beweis stellen, dass uns unsere animalische Seite auch in diesen amorphen Zeiten nicht abhandengekommen ist.

Die große, unbeantwortete Frage für mich ist: Warum tut ihr euch das an? Diesen Stress, das richtige T-Shirt, das optimale Strickjäckchen, die perfekte Bluse zu finden und dafür auch noch mehr Geld auszugeben als wir für den guten alten V-Ausschnitt oder irgendein Hemd? Man könnte jetzt mit Sammler-Stereotypen aufwarten, mit gesellschaftlichen Forderungen an euch, euch aufzulehnen, man könnte konsumkritisch argumentieren (wer braucht schon 20 Hosen?) und sagen, es ist allein die Schuld böser Konzerne, die euch suggerieren, alles, wirklich alles haben zu müssen. Oder sind wir Männer schuld, weil wir Frauen nach wie vor stärker nach optischen Reizen bewerten? Weil Weiblichkeit über weite Strecken mit äußerlicher Besonderheit gleichgesetzt wird? Klamotten, Lidschatten, schicke Wohnungen mit noch schickerer Kücheninsel und noch viel schickerem WMF-Besteck darauf? Weil, wer die gute Partie machen will, selbst was hermachen muss?

Die Feministin Laurie Penny schreibt in *Unsagbare Dinge*, weibliche Transsexuelle, also Frauen, die als Männer geboren wurden, ziehen supersexy Klamotten an, schminken sich übertrieben und verhalten sich so, wie es dem Klischee nach typisch ist für Frauen: tratschen, shoppen und heulen wegen jeder Kleinigkeit. Genau das ist dann auch eine der Voraussetzungen, um zur Geschlechtsumwandlung zugelassen zu werden.

Im Frühjahr 2017 traten in der PRO7-Show *Germany's Next Topmodel* mit Giuliana Radermacher und Melina Budde erstmals zwei Frauen an, die ursprünglich Männer waren. Die Öffentlichkeit applaudierte und jubilierte, vor allem beschwipst von sich selbst und der wahnsinnig liberalen Ausweitung ihrer eigenen Toleranzzone. Jeder kann endlich «ohne Angst verschieden sein», wie Theodor W. Adorno einst so prosaisch in *Minima Moralia* schrieb. Wir sind ja so offen, sind wir nicht toll? Was aber wirklich stattfindet, ist ein liberales Paradox: Nach dem emanzipierten, komplizierten und aufreibenden Weg von einem Körper in den anderen, voller Gefühle des Andersseins, der Ausgrenzung und Stigmatisierung, folgt als erster Beweis des Ankommens in der Weiblichkeit die freiwillige Unterwerfung unter die knallharten Gesetze der seelischen Ausbeutung nach Maßstäben des aalglatten Schönseins und Fressehaltens. Die beiden Frauen in der besagten Show kamen mir eher vor wie Freilandhühner, die sich Käfighaltung wünschen.

Frauen und das Äußere – das gehört für viele einfach zusammen. Anders ist es kaum zu erklären, dass Frauen beim Friseur 25 Euro mehr für einen Kurzhaarschnitt bezahlen, obwohl der Friseur keine Sekunde länger dafür braucht als bei einem Mann. Viele Friseure erheben einen Aufschlag von bis zu 70 Prozent für Frauenhaarschnitte. In Reinigungen zahlen Frauen ebenfalls drauf – das «Argument»: Frauen brauchen handgebügelte Blusen, bei Männern reiche die Bügelmaschine, und das mache es eben billiger.

Selbst wer sein altes Geschirr bei eBay verkauft, sollte sich lieber als Mann ausgeben – Frauen nehmen in der Regel 20 Prozent weniger ein als Männer.

Ich wünsche mir einen Protest gegen die Ausbeutung des weiblichen Geldbeutels. Soll sich doch das kleine Mädchen mit «Saubär» waschen. Und kauft ihr euch, liebe Frauen, doch mal ein Jahr lang nur noch den blauen Nassrasierer – und nur den blauen; lasst euch praktische Kurzhaarschnitte machen und eure Blusen bei der Reinigung von der Maschine bügeln. Kauft euren Töchtern keine Mädchen-Überraschungseier, sondern gar keine. Oder die klassischen Unisex-Eier.

Gender Pay Gap

Neulich saß ich in einer Männerrunde und habe gesagt: Es ist doch eine schreiende Ungerechtigkeit, dass Frauen mehr bezahlen und gleichzeitig weniger verdienen. Da muss man doch zum Feministen werden! Sofort stand ich unter akutem Frauenversteher-Verdacht. Eine Stirn nach der anderen legte sich in Falten, und man guckte etwas bedröppelt vor sich hin, als wenn sich ein Betriebsunfall ereignet und keiner der Anwesenden einen Erste-Hilfe-Kurs gemacht hätte. Als wäre ich auf einer Party betrunken ins Buffet gefallen. Ist ein Arzt anwesend?

Der Erste in der Runde, der sich zu Wort meldete, war Veit, Physiker und qua Amt ein kühler Zahlenkopf: Er müsse mir leider den Zahn ziehen. All die Zahlen, die in diesem Zusammenhang durch die Gegend schwirrten, seien grundfalsch. Das Max-Planck-Institut für Bildungsforschung habe gezeigt, dass Frauen nicht 20 Prozent weniger verdienten als Männer, sondern lediglich fünf bis sieben. Frauen wählten nun mal häufiger Berufe, die schlechter bezahlt werden. Und da hat er sogar recht: Jobs, die mit Erziehung, Sorge und Pflege zu tun haben, sind fest in eurer Hand. Ihr kümmert euch um die Alten in den Pflegeheimen und zu Hause, ihr seid Erzieherinnen in Kindertagesstätten und Lehrerinnen in den Schulen.

Wenn sich, was selten genug vorkommt, ein Mann um einen dieser Jobs bewirbt, gilt er deshalb schnell als semi-männlich. Und, das kann ich euch Frauen an dieser Stelle nicht ersparen: Auch ihr macht es ihm nicht leicht. Der jung-dynamische Kita-Erzieher, der sich im ohnehin permanent angestrengten, überbehütenden Reizklima der Elterninitiativen-Kindertagesstätten vorstellt, wird von den anwesenden Müttern gerne erst einmal einem *Gender Profiling* unterzogen: ein Mann? Hier? Nimmt der nicht einer Frau den Arbeitsplatz weg? Und: Kann der das überhaupt? Unsere Hochbegabten in den Händen eines Kerls? Ist das vielleicht ein heimlicher Pädophiler? Weiß der Verfassungsschutz davon?

Die Speerspitze der Emanzipation des Mannes – ein Mann in einem «Frauenjob» mit «Frauenbezahlung» – wird angeguckt wie der Nafri von der ihn einkreisenden Horde AfD-Sympathisanten.

Zugegeben: Die meisten Männer wollen sich an diesen anspruchsvollen Jobs, in denen es um Feingefühl und Empathie geht, nicht die Finger dreckig machen. Das

Gebiet überlassen wir gerne euch. Aber woran liegt das eigentlich?

Als ich im ICE an diesem Buch arbeitete, saß eine Frau neben mir. Ich schätzte sie in den späten Fünfzigern oder frühen Sechzigern, lange graue Haare, orangener Hoodie, blitzende Ironie in den Augen. Grünen-Wählerin, frauenbewegt, tippte ich. Sie spähte auf meinen Bildschirm und las mit, um mir dann innerhalb von Sekunden eine Antwort zu liefern: Sie habe zwei Kinder großgezogen, einen Jungen und ein Mädchen. Sie habe sich von Anfang an bemüht, die beiden gleich zu erziehen. Kein Blau für den Jungen, kein Rosa für das Mädchen, keine Barbie, kein Ken und keinen sonstigen typischen Mädchen-Jungen-Schnickschnack.

Hinter «grün und frauenbewegt» machte ich innerlich einen Haken.

Trotz aller Bemühungen aber habe sie schon in den ersten Jahren festgestellt, wie viel umsichtiger ihre Tochter gewesen sei. Sie habe früher bemerkt, wenn es anderen schlecht ging, wann es Zeit ist zu reden und wann zu schweigen, und sie sah sogar die Unordnung, während sie ihrem Sohn alles habe dreimal sagen müssen und der trotzdem nichts kapiert habe. Viele Frauen nennen diese Typen auch Ehemänner.

Ich glich das mit meiner eigenen Kindheit ab: Ich bin ohne Geschwister aufgewachsen, meine Mutter war alleinerziehend. Ich erinnere mich an die hitzigsten Gefechte, die wir auszutragen hatten, hervorgerufen durch meine Alltagsblindheit. Man konnte mir den stinkenden Müll vor die Nase stellen und mir dreimal sagen, dass es sich dabei nicht um eine Kunstinstallation handle – ich habe ihn vergessen, übersehen oder ignoriert. Ich kann nicht einmal mehr sagen, warum. Absicht? Ignoranz? Rebellion? Ich weiß es nicht. Im Übrigen hat sich ein gewisser Stumpfsinn in dieser Hinsicht bis heute bewahrt. Ich nehme die Welt stärker in Ausschnitten wahr, auf die ich mich konzentriere. Mit anderen Worten: Wir Männer laufen durch die Welt mit dem ausblendenden Tunnelblick. Wir sehen, was wir sehen wollen, was wir für wichtig und wesentlich halten, und damit beschäftigen wir uns – mehr oder weniger. Der Rest entgeht uns.

Frauen hingegen haben den einblendenden Panoramablick mit Weitwinkel. Sie nehmen auch das wahr, was gerade nicht zur Problemlösung gebraucht wird. Eine Frau im Urlaub sieht den Typen in der geblümten Badehose am Pool, erkennt ihn beim Frühstück wieder, bemerkt, dass er mal eine Pediküre nötig hätte, wundert sich am dritten Tag darüber, weil er zum ersten Mal kein Spiegelei bestellt, und fragt sich, ob er vielleicht krank ist und Hilfe braucht. Ich habe häufig schon Schwierigkeiten, Leute, die ich in Badehose gesehen habe, in Hemd und Jeans wiederzuerkennen.

Von Frauen als dem einfühlsameren Geschlecht liest man allenthalben, aber zumeist ist es biologistischer Schmu, der zum vierhundertsten Mal die alte Leier wiederholen will, dass Frauen nun mal von der Venus und so ... – simplifizierende Denkmodelle, die das Denken abstellen wollen, um uns stattdessen in den bequemen Lehnstuhl des «Iss halt so»-Fatalismus zu setzen und einzuschläfern.

Ich kann diese Klischees wirklich nicht mehr hören und lehne sie darum auch per se als Begründung von allem ab, aber wenn ein lebenserfahrener weiblicher oranger Hoodie, eindeutig genderbewegt, mir das sagt, möchte ich mich fast beruhigt zurücklehnen, die Hände über dem Bauch verschränken und sagen: Vielleicht muss ich das einfach so hinnehmen. Dann ist es eben so. Ein Geschlechter-Stereotyp aus dem Mund einer reifen Frau, das war wie ein Attest für mein schlechtes Gewissen. Ich war froh, dass mich die grüne Frauenbewegte im orangenen Hoodie mit ihrer Geschichte entlastete.

Warum Frauen nun umfassender wahrnehmen als Männer, ist schwierig zu beantworten. Viel spannender ist ja die Frage, mit welcher Begründung ihr schlechter dafür bezahlt werdet, dass ihr das tut, wofür wir Männer offensichtlich zu ungeschickt, zu ungeduldig oder anderweitig zu holzklotzig sind. Oder meinen, es zu sein?

Vielleicht sind wir neben gewisser Dispositionen auch Gefangene unserer Geschichte: Pflege und Erziehung, zumindest die in den ersten Jahren, sind traditionell eher in Frauenhand. Erst in den weiterführenden Schulen, wenn's dann ans Eingemachte geht, an die harten Fakten und die binomischen Formeln, kommen die Männer hinzu und exemplifizieren die ästhetische Schönheit des Satzes des Pythagoras. Weil der Großteil der erzieherischen und pflegerischen Leistung aufs Konto von Frauen geht und über Jahre selbstverständlich von euch erledigt worden ist, nebenher und unbezahlt, sozusagen als unhinterfragbare häusliche Pflichten, hat sich in unserem tiefenpsychologischen Gedächtnis festgesetzt, dass ihr das ja sowieso mitmacht, nach Feierabend oder vor Sonnenaufgang oder auch in der Zeit dazwischen, wenn es nötig ist.

Das hat auch historische Gründe: Pflege und Erziehung von Kleinkindern waren noch im Mittelalter die Aufgabe der Ordensschwestern in den Klöstern. Diese Jobs wurden zwar mehr und mehr ausgelagert, blieben aber Frauenarbeit.

Warum nur, so die Argumentation beratungsresistenter Patriarchatsbefürworter, soll man euch jetzt für einen Dienst bezahlen, der doch zuvor in den eigenen vier Wänden auch selbstverständlich war? In jeder Frau steckt doch eine aufopferungsvolle gute Fee, nicht wahr? Die zweite Runde im regulären Arbeitsverhältnis, draußen an der Front, ist eher ein bezahltes Hobby, das wir euch gönnen, damit ihr noch ein wenig Anerkennung außerhalb der eigenen vier Wände bekommt. Eine Lobby haben Frauen dabei auch nicht wirklich. Gewerkschaften beispielsweise sind nach wie vor schwer männerdominiert. Das mag eine Erklärung dafür sein, warum einem Lkw-Fahrer das Tragen schwerer Lasten bezahlt wird, einer Altenpflegerin aber nicht.

Wer weniger verdient, wird anders wahrgenommen, dessen Verdienst wird anders behandelt. Das Geld der Frau hat für viele immer noch eher die Bedeutung eines Zubrotes. Selbst wenn ihr so viel verdient, dass ihr alleine eine Familie ernähren könntet, hat euer Gehalt häufig eine andere Bedeutung innerhalb der Partnerschaft als das des Mannes. Es wird ausgegeben für Schmuck und

Kleidung, für Kinderspielsachen oder Urlaub, für alles, was das Leben ein bisschen schöner macht.

In Untersuchungen kam heraus, dass selbst Frauen, die mehr arbeiten und mehr verdienen als ihre Männer, versuchen, das wie einen Malus auszugleichen, indem sie in der Hausarbeit noch mehr leisten. Mütter, die ihren Männern in den ersten Jahren den größeren Teil der Kindererziehung überlassen, berichten davon, wie sie trotzdem alles für ihn vorbereiten, organisieren, bereitstellen, ehe er dann den Projektplan ausführt. Nur warum? Weil ihr sonst zu «männlich» wirken könntet? Oder einfach, weil es sonst keiner tut, wenn ihr es nicht macht? Oder tut es keiner, *weil* ihr es immer macht?

Und hier schließt sich der Kreis, und wir sind wieder beim Sex, der doch so viel bestimmt: Wollen wir euch ausführen, euch für uns gewinnen, zahlen wir im Restaurant. Wir zahlen letztlich dafür, dass ihr euch schön macht für uns – also dass ihr die verdammte Pink Tax für das Rouge bezahlt, mit dessen Hilfe wir uns mit euch an unserer Seite schmücken können.

Die abgefucktere Variante kann man in Stripclubs beobachten, wo Schlipsträger den Girls an der Stange die Scheine zustecken. Frauen sollen kein Geld haben, sie sollen es verkörpern. Geld zu haben, das ist Sache des Mannes. Der Geldbeutel war schon immer ein phallisches Symbol. In der Welt des Geldes, bei Banken und Co., ist der Frauenanteil darum bis heute vatikanös niedrig.

Zwischenfazit: Ihr Frauen leistet mehr, verdient dafür weniger, zahlt aber mehr. Finde den Fehler. Und das ist nur der Anfang.

Als ich dies alles mit angemessenem Elan in der Herrenrunde vorgetragen hatte, holte mein Freund Veit zum Gegenschlag aus: Die 20 Prozent Pay Gap rührten auch daher, dass Frauen einfach häufiger in Teilzeit arbeiteten, und dazu würde sie ja schließlich keiner zwingen.

Der erste Teil dieser Aussage stimmt: Drei Viertel der fast 12 Millionen Teilzeitstellen sind von Frauen besetzt. In den Niederlanden wird Teilzeitarbeit vom Staat aufgewertet, bei uns in Deutschland ist sie die Resterampe des Arbeitslebens, zumal viele Teilzeitstellen mit 20 Stunden oder weniger keine Existenzsicherung bieten.

Teilzeit ist nicht der Zubringer zur Autobahn des ersten Arbeitsmarkts, sondern die Abfahrt auf die Schotterpiste der Altersarmut, eine Art Vorhölle des Minijobs, in dem bis zu 450 Euro im Monat verdient werden darf. Mehr als die Hälfte aller Minijobberinnen sind Frauen, viele haben mehrere Jobs, weil einer allein zum Überleben nicht reicht. Während die Bundesagentur für Arbeit all die Vorteile preist, die der Minijob als Probebühne für eine Rückkehr in reguläre Arbeitsverhältnisse bedeutet, ist er wohl tatsächlich eher ein alter Sandsack, den man treten und schubsen kann, wie es gerade beliebt.

Kommen wir zur zweiten Aussage von Veit: Es zwinge die Frauen ja keiner, in Teilzeit zu arbeiten. Nein, zwingen sicherlich nicht, den Frauen Teilzeitarbeit aber als eigenes Verschulden anzukreiden, wäre eine Unverschämtheit. Viele Frauen gehen in Teilzeit, sobald sie Kinder bekommen haben, weil sie wenigstens mit einem Auge mitkriegen wollen, wie sie groß werden, und auch weil Betreuungseinrichtungen, vor allem außerhalb der

Großstädte, kaum dass sie offen haben, schon wieder zu sind. So endet der Kitatag in einer Kleinstadt allerspätestens um 16 Uhr, am Freitag auch gerne mal um 12 Uhr. Das ist mit den Gegebenheiten der modernen Arbeitswelt in etwa so gut vereinbar wie ein Freibadaufenthalt bei Gewitter.

Irgendwann kommen pflegebedürftige Verwandte dazu, die er nicht pflegen kann, weil er ja schon das ganze Geld verdienen und dafür immer arbeiten muss und ihr dann wieder von eurem Verantwortungsgefühl eingeholt werdet. So haben zwei von drei Müttern keinen Vollzeitjob und sind jede Woche im Schnitt 18,5 Stunden erwerbstätig – im europäischen Vergleich ist das verdammt wenig.

Schon ein einjähriger Erziehungsurlaub reduziert den Lohn um durchschnittlich 16 Prozent, verglichen mit einer Frau, die keine Kinder hat. Insgesamt kosten Kinder eine Frau im Lauf ihres Lebens fast zwei Drittel ihres Einkommens.

Und es wird noch schlimmer: Wenn ihr arbeitet, schadet ihr damit dem Familieneinkommen. Du sollst arbeiten, heißt es zwar in den Sonntagsreden. Die arbeitende Frau, das ist das Ideal, aber wenn du es willst, kannst du es nicht, und wenn du es willst und kannst, sollst du es nicht. Damit hat die deutsche Frau in etwa das Standing eines nicht registrierten Flüchtlings – dem Ehegattensplitting sei Dank, jenem antagonistischen Gesetz aus den 1950er Jahren, diesem Pickel aus der Vergangenheit, gegen den kein *Clearasil* der Vernunft etwas ausrichten kann. Es sorgt für massive Steuererleichterungen, sofern einer von beiden Alleinverdiener ist, und das ist in aller Regel – Überraschung – der Mann! Bekommt er 56 000 Euro im Jahr, spart er 5600 Euro an Steuern. Hinzu kommt die kostenlose Mitversicherung in der Krankenversicherung der geringfügig beschäftigten, also minijobbenden Frau. Jede Stunde, die eine Frau über die steuerfreien 450 Euro hinaus verdient, schmälert das Familiennettoeinkommen.

Alle finanziellen Anreize für eine Frau, sich unabhängig zu machen, werden so lange gezielt erstickt, bis die Scheidung da ist. Dann plötzlich, im Handumdrehen, ist Eigenverantwortung gefragt. Das Leben muss euch dann wie ein Betrug vorkommen. Alles aufgegeben, Beruf, Karriere – um am Ende mit nichts dazustehen.

Seid ihr alleinerziehend, müsst ihr euch ständig durch eine Feuerwand an Verdächtigungen und Anschuldigungen kämpfen. Wie oft habe ich als Kind gehört, wie hinter vorgehaltener Hand getuschelt wurde, meine Mutter wolle sich nur Sozialleistungen erschleichen, obwohl sie Vollzeit gearbeitet hat. Und überhaupt: Der Scheidungsgrund ist sowieso tendenziell bei der Frau zu suchen. Rechtlich ist die schuldhafte Scheidung seit langem passé, aber moralisch ist sie wie eine surrende Mücke im Schlafzimmer – einfach nicht totzukriegen. Da musste ja was schiefgelaufen sein, wenn sie von ihrem Mann verlassen worden ist, raunt es dann schnell in der Nachbarschaft. Muss wohl 'ne richtige Zicke sein. Dass es in Wirklichkeit andersherum ist und heute mehrheitlich Frauen die Scheidung einreichen, spielt keine Rolle, solange das eigene tumbe Weltbild aufrechterhalten werden kann.

Wilde Spekulationen schießen ins Kraut, wie die, dass sie sich wahrscheinlich nur ein Kind hat machen lassen, um jetzt mehr Geld von unseren Steuern zu kassieren. Dabei muss ein Drittel aller Alleinerziehenden mit weniger als 900 Euro im Monat auskommen, und ein weiteres Drittel ist auf Sozialtransfers angewiesen.

90 Prozent aller Alleinerziehenden sind Frauen. Im harmloseren Fall geht es einer alleinerziehenden Frau wie meiner Mutter: Allein mit einem Kind, und dann auch noch mit einem Sohn, das konnte eigentlich nichts werden, da wäre mein Absturz in die Drogenkarriere nur eine Frage der Zeit gewesen. Bei mir zu Hause herrschten allerdings schon früh so etwas wie verkehrte Verhältnisse: Meine Mutter verdiente das Geld, da mein Vater nicht viel von Erwerbsarbeit hielt und den Lebenssinn eher in der ästhetischen Vervollkommnung der eigenen Person sah. Er gab das Geld aus, das sie verdiente – und zwar in genau dem Sinne, den man Frauen so häufig vorwirft: indem er es in Klamotten, Spaß und Krimskrams für die Wohnung investierte. In die schönen Dinge. Er war sozusagen eine teure Partie. All die Geschichten von Männern, deren Selbstwertgefühl mächtig ins Wanken gerät, wenn die Frau mehr oder gar alleine das Geld verdient, gingen spurlos an ihm vorbei.

Bei der Scheidung kam dann das böse Erwachen: Meine Mutter musste 240 Mark Unterhalt an meinen Vater zahlen mit der Begründung, er habe nicht arbeiten können, da sie so ehrgeizig gewesen sei und das stets verhindert habe. Am Ende einigte man sich auf 120 Mark ab dem Renteneintritt meines Vaters.

Bis heute stellt die Ehe ein massives Sicherheitsrisiko vor allem für Frauen dar, insbesondere für die Babyboomer-Generation. Das seit 2008 geltende Unterhaltsrecht sieht vor, dass der Ehepartner, bei dem die Kinder leben, ab dem vollendeten dritten Lebensjahr des Kindes wieder voll erwerbspflichtig ist. Es sei denn, die Ehe dauerte länger als 20 Jahre, was in etwa so oft vorkommt wie eine Landung auf dem Mond. Ganze Generationen, die sich auf die Versorgerehe verlassen hatten, stürzen in die Altersarmut. Haben also Frauen, die nach neuem Recht geschieden werden, ihren Beruf zugunsten von Familie und Kindern aufgegeben oder reduziert, droht nach der Scheidung der soziale Abstieg. Während Männer nach Scheidungen mehr arbeiten und zudem Unterhaltszahlungen von der Steuer abziehen können, bleiben Frauen also meist auf der Strecke. Frauen *sind* tatsächlich oft so arm, wie sich viele Männer nach allen Regeln der Rechenkunst erst machen.

Die Neuregelung des Unterhaltsrechts sei getragen vom Geist der Emanzipation, heißt es – es gilt, wie immer, wenn sich der Staat aus seiner Verantwortung stiehlt, die Eigenverantwortung. So weit, so gut. Es gibt kein Grundrecht auf lebenslange Fortsetzung des Zahnarztgattinnen-Lebensstandards nach einer Scheidung. Und auch Eigenverantwortung ist schön. Nur leider tut der Staat bis zum Moment der Scheidung alles, um aus euch Frauen jeden Willen zur finanziellen Selbständigkeit herauszuprügeln.

Dabei hatten Umfragen zufolge fast die Hälfte aller Paare zu Beginn ihrer Ehe etwas anderes im Sinn: Sie wollten Erwerbs- und Familienarbeit partnerschaftlich teilen. Die Realität sieht meist anders aus, denn in acht von zehn Ehen ist der Mann der Hauptverdiener. Klar, er kann die drei Kinder und den Job wunderbar unter einen Hut bringen, schließlich hält sie ihm zu Hause den Rücken frei. Das Problem ist nur: Wer anderen immer nur den Rücken freihält, steht irgendwann selbst mit dem Rücken zur Wand.

Während Männer also andauernd in die Rentenversicherung einzahlen, haben Frauen oft gebrochene Erwerbsbiographien: Auszeit, Teilzeit, gar keine Zeit. Und so kommt der Gender Pay Gap zustande.

«Die ist doch nur psycho»

So weit, so nicht gut. Das Schlimmste: Eure strukturelle Benachteiligung setzt sich in vielen Gebieten fort. Nehmen wir nur den Gesundheitssektor. In einer Untersuchung zeigte sich, dass Frauen bedeutend weniger Schmerzensgeld bekommen als Männer – im Schnitt 20 Prozent. Frauen machen auf der anderen Seite aber nur 40 Prozent aller Schmerzensgeld-Empfänger aus. Selbst Krankheiten erkennen Ärzte bei Frauen später oder gar nicht. Herzinfarkte etwa werden fast ausschließlich nach männlichen Symptomen beurteilt: Schmerzen in der linken Brust, in den Oberarmen, den Schultern und dem Hals. Bei Männern sind das verlässliche Indizien. Bei Frauen aber sehen die Symptome vollkommen anders aus: Übelkeit, Erbrechen, Schweißausbrüche, Müdigkeit,

Rücken-, Nacken- und Bauchschmerzen. Ohne deutliche Schmerzen warten Frauen selbst bei Notfällen bis zu 20 Minuten länger im Krankenhaus als Männer.

Medizin ist eine männliche Wissenschaft, dominiert von Männern: Der Arm ist gebrochen oder nicht, also schnell ein Röntgenbild, und die Sache ist klar.

Grundsätzlich werden körperliche Symptome bei euch Frauen häufiger psychosomatisch interpretiert und damit verharmlost. Ihr habt eben «was Psychisches», heißt es dann. So scheint es zum Beispiel unter Medizinern eine stillschweigende Übereinkunft zu geben, dass in erster Linie Frauen von Depressionen betroffen sind. Das zeigt sich schon am entsprechenden Diagnose-Fragebogen, den der Arzt mit einem Patienten durchackern muss: «Hat der Patient weniger als sonst geredet?» Gut, hier sagt der gewöhnliche Mann nur: «Noch weniger als sonst? Fragen Sie mal besser meine Frau.» Und schon ist er aus dem Schneider.

Ist die Wahrheit also nicht viel eher, dass die Depression bei Männern seltener entdeckt wird, weil Männer sich gar nicht checken lassen? Weil sie eher aggressiv werden, saufen oder sich mit Arbeit zudröhnen?

Die Medizin ist komplett auf uns Männer ausgerichtet, da die jungen gesunden Vertreter unserer Spezies häufiger an Tests mit neuen Medikamenten teilnehmen. Man weiß in vielen Fällen gar nicht, ob Frauenkörper in jedem Fall identisch reagieren. Es gibt bis heute nur ein Arzneimittel, das eine geschlechtsspezifische Therapie vorschreibt, und das ist ein Mittel gegen Haarausfall. Dabei haben viele Organe ein Geschlecht: So funktioniert der Magen-Darm-Trakt bei Männern anders, weibliche Körper haben einen höheren Fettanteil als männliche, Alkohol wird bei euch langsamer abgebaut als bei uns.

Es ist erschütternd, wie viele Steine der Benachteiligung und Ausbeutung euch Frauen in den Weg gelegt werden. Man könnte verstehen, wenn ihr vor lauter Steinen den Weg nicht mehr seht. Und trotzdem seid ihr es, die ihr länger lebt und dazu auch noch uns Männern das Leben rettet! Ihr habt eine höhere Lebenserwartung – unter anderem deshalb, weil ihr euch schneller und bereitwilliger helfen lasst, aufmerksamer den Signalen des eigenen Körpers gegenüber seid und häufiger zur Vorsorge geht. Von zehn Frauen gehen sechs zur Krebsvorsorge, von zehn Männern gerade mal zwei. Die Lebenserwartung steigt kontinuierlich, Frauen sind länger gesund als Männer.

Obwohl die Medizin auf uns ausgerichtet ist, brauchen wir häufiger Hilfe und bekommen sie – Überraschung – von euch! Nicht nur in der Pflege, auch bei der Organspende. Frauen spenden mehr Organe, Männer empfangen sie. Organe wandern global von Osten nach Westen und von Süden nach Norden. Das ist exakt der gleiche Weg, den der lebendige weibliche Körper im Dienste der Prostitution auf sich nimmt, dem Gewerbe, in dem die Frau eindeutig kein Geld mehr hat, sondern es anschaffen soll. Laut einem Bericht der EU-Kommission werden jedes Jahr etwa eine halbe Million Frauen mit dem Ziel der Prostitution in die EU eingeschleust, mehrheitlich aus Osteuropa und Afrika. Während sich die Festung Europa abschottet gegen traumatisierte Flüchtlinge, sind die Tore für geldwerten Sex weit geöffnet. Zynisch formuliert, gilt auch hier der Leitsatz der Schiffbrüchigen: Frauen und Kinder zuerst.

Den umgekehrten Flüchtlingsstrom gibt es auch. In ihm machen sich reiche Männer auf die Reise nach Thailand, auf die Philippinen, nach Brasilien oder Kenia, wo Prostitution bis zu 60 Prozent des Staatshaushalts ausmacht. Mädchen und Frauen wird immer noch in vielen Ländern weniger oder gar keine Bildung zugestanden, und Gewalt gegen sie wird als Mittel der Kriegsführung eingesetzt.

Viele Länder der Dritten Welt, die Kreditanträge beim Internationalen Währungsfonds stellen, werden aufgefordert, eine «Tourismus- und Unterhaltungsindustrie» zu entwickeln. Huren als Voraussetzung für Unterstützung.

Laut UNICEF gibt es weltweit 60 Millionen junge Frauen, die verheiratet wurden, obwohl sie minderjährig waren. In vielen Regionen ist es üblich, für Ehefrauen zu bezahlen. In Kenia ist eine Minderjährige fünf Kühe wert, in Südsudan und Südwestäthiopien 30 Rinder und eine Kalaschnikow, in Togo zwei Flaschen Branntwein, einen Topf Palmwein und 12 Schnapsflaschen. Hier kriegt der Begriff Mitgift erst seine wahre Bedeutung.

FEMINISMUS

Alice, who the f*** is Alice?

Ich habe lange darüber nachgedacht, ob es sinnvoll ist, hier über das Thema Feminismus zu schreiben. Ich muss zugeben, ich bin gewarnt worden. «Ein Minenfeld!» «Da kannst du nur verlieren!» «Es gibt ja gar nicht *den* Feminismus.» «Wie definierst du das überhaupt?» «Wen interessiert das?» «Och nöö, wissen wir alles, ist ja auch schön und gut und wichtig, aber irgendwann nervt es».

Wer für sich beanspruche, musste ich mir von euren Geschlechtsgenossinnen anhören, halbwegs humor- oder gar ironiefähig zu sein, müsse sich hüten, nicht mit einer von diesen Kampfhennen in einen Topf geworfen zu werden. Ich war erstaunt. Offenbar konnte der Feminismus bis heute sein uncooles, humorbefreites und unrasiertes Kleid nicht abwerfen. Eine Freundin ging vor ein paar Jahren im Fasching als Emanze: Sie zog eine lila Latzhose an und klebte sich einen «Mein Bauch gehört mir!»-Sticker drauf. Wer braucht einen Cowboy, wenn er eine Emanze haben kann? Auch das sagt einiges über das Bild, das viele heute vom Feminismus haben.

So richtig möchte sich offenbar niemand mehr die Finger im Kampf für die Gleichberechtigung dreckig machen, schließlich sind die in vielen Fällen lackiert, und es hat gedauert, bis sie trocken waren.

Die Sache der Frauen scheint viele Frauen eher zu nerven. Vielleicht liegt es daran, dass in den vergangenen Jahren gefühlt jede Woche ein neuer Feminismus am Horizont gesichtet und zum echt allerwichtigsten Feminismus der letzten Jahre hochgeschrieben worden ist. Ich erinnere mich da an Charlotte Roches *Feuchtgebiete*, die man als feministische Prosa überinterpretierte, einfach nur, weil eine Frau über eine Frau schrieb, und das auch noch über «untenrum» – inklusive Analfissuren, Hämorrhoiden und allem, was man sonst eben nicht vom «reinen» Geschlecht erwartet, das ja bekanntlich nur Rosen ausscheidet (oder etwa nicht?). Doch nur weil eine Frau ein Tabu bricht, ist das ja noch nicht per se feministisch.

Dabei gibt es sie ja, die unterschiedlichen feministischen Strömungen weit entfernt vom früheren Lila-Latzhosen-Image. Wie die Alphamädchen, die für einen neuen, modernen, männerintegrierenden Feminismus plädierten, die Femen und ihre nackten Brüste, die Berliner Mädchenmannschaft, die Netzfeministinnen um Anne Wizorek und Anke Domscheit-Berg, der #Aufschrei oder die Facebook-Chefin Sheryl Sandberg, die mit ihrem Buch *Lean in* Frauen zeigen wollte, wie sie so schnell wie möglich in der Businesswelt nach oben kommen. Die relativ simple Antwort: Indem sie einen Mann heiraten, der die Wäsche macht, und sich selbst so verhalten wie Männer – also das, was am Mann immer kritisiert wird, letztlich fortführen. Durch diese Umkehrung des Geschlechterklischees bleibt sie den alten Stereotypen von Mann und Frau verschwistert. Die britische Feministin Laurie Penny bezichtigt diese Fraktion deshalb des Neoliberalismus: Die Starken und Reichen können sich mit diesem Feminismus auf Kosten der Schwächeren noch reicher machen. Stattdessen setzt Laurie Penny auf eine Revolution, deren Charakter zwar etwas im Dunkeln bleibt, die aber definitiv kommen soll, und das ist es doch, worauf es ankommt.

Ähnlich ist es bei der Amerikanerin Lena Dunham, die mit der Serie *Girls* eine Art Kontrapunkt zum durchperfektionierten *Sex and the City*-Schuh-und-Fummelkauf setzen wollte. Hier ist der Sex oft dreckig, manchmal verzweifelt, die Sprache ist hart, oft brutal, die Körper widersprechen radikal jedem Schönheitsideal.

Es gibt sie also offensichtlich, die Sprachrohre für einen modernen Feminismus, nicht zuletzt zeugen davon Portale wie *Edition F*, *Featurette* oder Publikationen wie das *Missy Magazine*. Aber ich frage mich: Warum werden sie von so vielen Frauen mit derart spitzen Fingern angefasst? Denn spricht man mit euch über die alltäglichen Fragen wie gleiche Bezahlung, gläserne Decken, Partnerschaft, Kind und Karriere – und wie man das alles unter einen Hut bekommt –, seid ihr in der Sache alle Feministinnen. Warum wollen viele von euch nicht so genannt werden?

Die Frage ist also: Wer hat hier wen verloren? Die Feministinnen die Frauen oder die Frauen den Feminismus? Mich erinnert das bisweilen an das Ende einer Ehe: Einst hatte man sich viel zu sagen, doch jetzt, nach all den Jahren, herrschen Schweigen und gegenseitiges Misstrauen. Wie kommt das? Sind die Themen, die vom modernen Feminismus behandelt werden, zu weit weg von euren Alltagserfahrungen, zu unbedeutend, zu klein?

Die ersten Frauenbewegungen starteten zur Zeit der Französischen Revolution und sorgten vor genau 100 Jahren dafür, dass Frauen zum ersten Mal wählen durften. Doch bis zur Gleichberechtigung war es ein weiter Weg. In Deutschland wurde die Gleichberechtigung von Frauen und Männern erst 1949 mit dem Grundgesetz festgehalten. Faktisch passierte allerdings ein gewaltiger *Rollback*: Nach dem Krieg kehrten viele Frauen an den Herd zurück, das traditionelle Rollenbild war die Norm. Zehn Jahre später erst begann die zweite Welle des Feminismus: Die Pille kam auf den Markt und ermöglichte es Frauen zum ersten Mal, selbst zu bestimmen, wann und wie viele Kinder sie bekommen wollten. Wieder zehn Jahre später, 1970, demonstrierten Frauen für gleichen Lohn und das Recht auf straffreie Abtreibung. Erst seit 1977 ist die Frau nicht mehr gesetzlich verpflichtet, den Haushalt zu führen, kurz danach gab es den ersten Lehrstuhl für Frauenforschung an einer deutschen Uni. Die dritte Welle kam in den 1990er Jahren aus den USA – hier wurde mit den *Riot Grrrls* nun auch die Popkultur erreicht. Es ging um einen befreiten Umgang mit dem eigenen Körper, Nacktheit und Sex.

Bis heute hat die Frage, warum es so viel Kraft kostet, sich durchzusetzen, nichts von ihrer Relevanz eingebüßt. Das Gefühl, dreimal so viel geben zu müssen wie Männer, ist euer hart erfahrener Alltag. Wie meistert man als Frau das Leben im 21. Jahrhundert, in dem Möglichkeiten alles sind und die, die eine nutzt und damit so viele andere ausschlägt, sich fragen lassen muss, warum sie sich so früh festlegt und nicht noch ein wenig abwarten will? Und die, die frei, unabhängig und bekenntnisfrei leben will, die Frage ertragen muss, warum sie sich nicht festlegen kann? Und trotzdem scheint es der Feminismus heute schwer zu haben, das Gros der Frauen hinter sich zu vereinen. Mit diesen Fragen im Gepäck machte ich mich auf die Suche nach Antworten.

Am Anfang stand der Besuch einer alten Dame: Alice Schwarzer. Vor ungefähr 100 Besuchern beantwortet sie in Berlin die Fragen zweier Journalisten, die ihre Söhne sein könnten. Sie fragen höflich, wie Söhne eben sind, wenn sie nach Hause kommen zu Mutti und wissen, dass die Schuhe vor der Tür ausgezogen werden und man spätestens nach einer halben Stunde wieder 12 Jahre alt ist – egal, was man tut. Alice Schwarzer mag diese Söhne, sie findet sie offensichtlich sympathisch, sie muss das Gefühl haben, hätte sie eine Tochter, wäre sie bei ihnen gut aufgehoben und könnte sich ohne Angst selbstverwirklichen.

Schon während der ersten Fragen zeigt sich: Im Publikum sitzen ausschließlich Fans, und das sind nicht nur Frauen. Die Mehrheit ist 60plus, links und bunt gemischt, Frauen mit luftigen flatternden Hosen, die in der Farbkomposition eher gewürfelt als gewählt wirken. Hosen, die ich vor allem aus dem Film *Hair* kenne. Die Kassiererin aus meinem *Spätkauf* um die Ecke jedenfalls scheint sich eher nicht hierher verirrt zu haben.

Die anwesenden Männer tragen Holzfäller-Vollbärte aus der Zeit, als man sie noch einfach wachsen ließ und nicht in stundenlanger Kleinarbeit stutzte und in Form brachte, dass der Barber-Shop-Betreiber nebenan neidisch werden konnte. Ein paar jüngere Frauen haben sich auch unter die Fans gemischt, junge Männer sind eher in der Minderheit. Alice Schwarzer ist geduldig. Fast zwei Stunden lang beantwortet sie Fragen zu Frauen und Männern, europäischen und islamischen, netten und gemeinen, da steht in der letzten Reihe eine Frau auf und sagt: «Das Problem ist doch, dass man uns gesagt hat, wir hätten alle Optionen. Ich habe vier Kinder und einen antiquierten Mann zu Hause, der mich mit allem alleine gelassen hat. Den bin ich jetzt losgeworden. Und jetzt stehe ich da mit den Kindern und einem Job und soll alles hinkriegen. Welche Antworten gibt mir denn jetzt der Feminismus?» Alice Schwarzer zögert kurz, lacht etwas verlegen, um dann zu einer Antwort anzusetzen, die eher Hilflosigkeit als Kompetenz vermittelt. Man spürt, dass die Frage eine offene Flanke traf, dass Schwarzer mit dem Konzept der Mutter wenig bis nichts anfangen kann. Sie, sagt Schwarzer entsprechend kühl, habe ja nie behauptet, dass man alle Optionen haben solle, geschweige denn nutzen könne. Das sei erst heute so geworden. Mit diesem Irrsinn, suggeriert sie, habe sie nichts mehr zu tun. Sie wirkt in dem Moment wie eine Wahrsagerin, die falschlag, es aber nicht zugeben kann. Im Zweifel, fuhr Schwarzer fort, müsse man eben die Finger von solchen Männern lassen, und das habe die Vierfachmutter ja jetzt getan, insofern: Glückwunsch, Applaus, Licht aus, Weißwein.

Diese kleine Szene beschreibt das Scheitern einer Bewegung in wenigen Worten. Hilflos steht man einer Frau gegenüber, die das Leben führt, das der «alte» Feminismus allzu häufig ausgeblendet hat – das der Mutter.

Im Séparée hat man nach dem Gespräch Kerzen, Blumen, Fans und ein paar renitente, meist jüngere Frauen platziert, die ab und zu kritisch einhaken, etwa wenn Alice Schwarzer sich darüber beschwert, dass sich die #Aufschrei-Aktivistin Anne Wizorek beim gemeinsamen Interview immer mit so viel unbekleidetem Oberarm fotografieren lasse. Was das solle, immer dieser Oberarm. Ich bin verwirrt: War Verschleierung nicht eine Unterdrückung der Frau? Dann fällt es mir wieder ein: Das gilt ja nur für die islamische Frau! Wenn die einheimische deutsche Frau ihren Körper bedeckt im Kampf gegen die Sexyness, dann ist das Fortschritt. Sexy, das Wort sagt Alice Schwarzer oft. Eigentlich sagt sie es nicht nur, sie spuckt es eher aus wie ein Neuköllner Hinterhofrapper seinen Kaugummi. Immer diese Äußerlichkeiten, will sie wohl sagen. «Aber da stehen Sie doch drüber», sagt nun eine junge Teilnehmerin in ruhigem Ton, woraufhin Schwarzer «Natürlich, natürlich» sagt, was aber eher klingt wie ein: «Niemals, mit dem Oberarm ist eine rote Linie überschritten worden!» Es ist auffällig: Auch jetzt, nach dem Gespräch im kleinen Kreis kann Schwarzer nicht aufhören: Sie erzählt Geschichten, die meist mit den Worten «wir», «früher» und «damals» beginnen. Wenn sie erzählt, bildet sie mit ihren Gesten einen Halbkreis um sich, der Nähe und Distanz zugleich erzeugt. Begieriges Zuhören angesichts des Anekdotenreichtums bei gleichzeitigem Respekt. Ab und zu wirkt Schwarzer wie eine Raubtier-Dompteurin in der Manege eines Zirkus, die einzig weibliche natürlich.

Und so ist es ja auch: Bis heute hat der deutsche Feminismus kein Gesicht, außer ihrem. Klar, es gibt Feministinnen, die sich immer wieder zu Wort melden, wie etwa Anne Wizorek, Margarete Stokowski, Elisabeth Niejahr, Antje Schrupp oder Anke Domscheit-Berg – aber keine von ihnen hat es bisher zu der Prominenz gebracht, die Alice Schwarzer über Jahrzehnte hinweg hatte, und keine hat es geschafft, eine größere Gruppe hinter sich zu formieren. Schwarzer ist der weibliche Mick Jagger. Sie hat schon Shitstorms erlebt zu einer Zeit, als die, die heute dieses Wort dauernd im Munde führen, noch nicht einmal in die Windel geschissen haben. Sie hat sich für sexuelle Selbstbestimmung, für Abtreibung, für Gleichheit zwischen den Geschlechtern eingesetzt und verdammt viel erreicht. Bis heute gilt ihr Kampf der Pornographie und Prostitution.

Vielleicht steht sie deshalb doch immer wieder auf, sagt sie am späten Abend, nachdem mal wieder einer ihrer zahlreichen Gegner irrtümlicherweise geglaubt hat, sie endgültig zu Fall gebracht zu haben. Vielleicht, denke ich, ist sie eher das alte Zirkuspferd, das noch einmal am Nasenring eine Runde drehen muss in der

Manege, einfach, weil es keine anderen Zugpferde gibt? Die Alice-Schwarzer-Schule hat sich in letzter Zeit vor allem den politisierten Islam als Feindbild auserkoren und versucht, mit Burkaverboten und Dämonisierungen des grapschenden Arabers gegen die langsam einsetzende Bedeutungslosigkeit anzukämpfen. Ihr gegenüber stehen die jungen Feministinnen, die der älteren Generation rassistische Tendenzen und Männerhass vorwerfen und sich darüber Gedanken machen, ob eine Frau eine Frau ist oder nur ein Cis-Gender, das noch nicht bemerkt hat, dass es nur eine Frau ist, weil die Gesellschaft das so will und darum mit X angesprochen werden sollte.

Es herrscht viel Streit zwischen den Frauen, und ein wenig wirkt der Feminismus wie die SPD: zu viele Flügel, um noch wirklich abheben zu können. Bruchlandung vorprogrammiert.

Ist das der Grund, liebe Frauen, warum sich so viele von euch so gleichgültig äußern – weil ihr euch schlichtweg nicht mehr angesprochen fühlt? Weil euch der eine Flügel zu antiquiert, der andere zu verkopft, zu abgehoben vorkommt? Und euch die Stimmen, die auf der Höhe der Zeit und auf Augenhöhe über eure Probleme sprechen, nicht laut genug sind? Vielleicht solltet ihr selbst eure Stimme sein – gemeinsam mit den Männern?

Vielleicht finden wir eine Antwort auch eher in der Sekunde, in der Alice Schwarzer die Mutter von vier Kindern so anschaute, als wolle sie sagen: Schön bescheuert, dass du gleich vier Kinder kriegen musst. Der Lebensweg einer Mehrheit der Frauen wird ausgeblendet wie das Feld vom Fotografen, wenn er nur die Blüte ablichten will.

Feindbild Mutter

Ulrike ist eine von den Frauen, die der Feminismus gar nicht verlieren konnte, weil er sie nie gewonnen hatte. Sie ist Ende 40, hat zwei Kinder, ist für beide jeweils drei Jahre zu Hause geblieben – einfach, weil sie es so wollte. Ihr Mann verdiente gut, man konnte sich das leisten. Sie ist der feuchte Traum von Horst Seehofer. Nur leider kommt sie weder aus Bayern, noch hängt sie irgendeiner Überzeugung an. Sie ist ein offener Geist, der die Welt hinterfragt, traditionelle Normen sind ihr eher gleichgültig, sie hat zu viel erlebt und gesehen, um an das Feste, Endgültige glauben zu wollen. So wie ich sie kenne, sind konservative Vorstellungen von ihr in etwa so weit weg wie Günther Oettinger von einem Job als Logopäde. Es war einfach nur ein privater Wunsch für ihre Kinder. Aber es ist schwer geworden, heute privat Mutter zu sein. Von Kolleginnen wurde sie schief angeguckt, als habe sie eine ansteckende Krankheit. Mitleidig wurde nachgefragt: «Möchtest du denn gar nicht wieder arbeiten?» Es musste schon ein Prozess der inneren Verdummung eingesetzt haben, wenn es ihr genügte, drei Jahre lang mit Dreiwortsätzen zuzubringen. Hatte sie nicht mal studiert?, fragte sich das Umfeld besorgt. Was war kaputt? Sterben Hirnzellen ab in der Schwangerschaft?

Irgendwann machte sich Ulrike einen Spaß daraus, einfach zu sagen: «Wir können uns das leisten!» Damit zündete sie die nächste Stufe: Aha, eine vom patriarchalen Ehemann unterdrückte Gestalt, die nicht arbeiten darf, weil er der alten Überzeugung anhängt, dass nur die

Frau am Herd eine wahre Frau ist. Ulrike hielt es durchaus für möglich, dass bald ein Befreiungskommando vor der Tür stehen würde, um sie da rauszuholen, so schrill war der Alarm. Es schien fast so, als könne jede Minute der Einsatz der Bundeswehr im Inneren nötig werden.

Ulrikes beste Freundin Andrea ging den umgekehrten Weg, sie stieg schnell wieder in den Job ein und wurde daraufhin konfrontiert mit der süffisanten Frage, ob ihr das eigene Kind denn gar nicht fehle. Ob sie nicht glaube, dass sie etwas verpasse. Und ob die Konzentration bei der Arbeit nicht leide angesichts der Doppelbelastung.

Auch hier seid ihr wieder mal in einer Situation, in der ihr es nur falsch machen könnt: «Heimchen am Herd!», schallt's aus der einen Ecke, «Rabenmutter!» aus der anderen. Und ich bin ehrlich gesagt sehr froh, dass ich nicht die Blicke der anderen Mütter ertragen muss, wenn ich wie Andrea zum Kita-Sommerfest abgepackte Waffeln aus dem Discounter mitbringe anstatt des selbstgebackenen, veganen, zuckerfreien Vollkornmöhrenkuchens oder wenn der Beitrag zum Basar nicht aus liebevoll gebasteltem Weihnachtsschmuck besteht, sondern aus ein paar gekauften Murmeln. Die kann man doch auch schön drapieren ...

Als Männer ernten wir ja schon bewundernde Blicke, wenn wir uns überhaupt mal im Umfeld von Kindergarten oder Schule aufhalten. Wenn wir das Kind dann noch bringen UND abholen, erwarten wir Standing Ovations.

Warum nur macht ihr euch das Leben gegenseitig so schwer, obwohl ihr ständig unter Zeitdruck steht und Multitasking euer zweiter Vorname ist? Warum überfordert ihr euch so mit den Erwartungen, überall und in jeder Rolle perfekt sein zu müssen? Pädagogisch wertvoll spielen, aber die Kinder auch mal der eigenen Langeweile überlassen, sie ermahnen, aber nicht entmutigen, ihnen Grenzen setzen, aber nicht zu autoritär sein, ihnen Werte vermitteln, aber nicht die eigenen Wünsche aufdrücken, und selbstverständlich sollt ihr von «Nein!-Doch!-Nein!-Doch!»-Gesprächen mit euren trotzenden Kindern nahtlos in eine eloquente Konversation über das aktuelle Tagesgeschehen übergehen können.

Kein Wunder, dass angesichts dieser Überforderung Kinderwagen irgendwann wie Massenvernichtungswaffen durch die Gegend geschoben werden, die alles niedermähen, was nicht bei drei vom Bürgersteig ist. Drohnenhaftigkeit, die totale Kontrolle über alles, vor allem das eigene Kind, wird zur letzten Sicherheit in einer Zeit, in der Unsicherheit und Überforderung eine brutale Liaison eingegangen sind.

Im Lauf der Zeit beobachtete Ulrike bei sich eine Entwicklung, die scheinbar so paradox war wie die Ansprüche an sie als Mutter: Sie stellte fest, dass Lego und Co. nur zu mittelmäßig guten Freunden werden. Sosehr sie sich auf die Kinder gefreut hatte, so schnell stellte sie fest, dass sie einfach keine Lust hatte, Kinderlieder zu schmettern und stundenlang Kinderbücher vorzulesen. Es brachte ihr auf Dauer keinen Spaß. Heute sagt sie, wenn sie wieder vor der Wahl stünde, Mutter zu werden, würde sie es nicht noch einmal tun. Damit hatte sie endgültig die Grenze dessen überschritten, was Frauen sagen und denken dürfen. Eine Frau MUSS gerne

Mutter sein, sie hat das nicht zu bereuen. Wer so etwas sagt, schlägt auch die eigene Brut. Können bitte Überwachungsdrohnen aufsteigen über diesen Müttern?

Natürlich ist eine solche Reaktion vollkommener Quatsch, denn die Feststellung, mit dem Wissen von heute dieselbe Frage anders zu beantworten, ist gänzlich unabhängig von der Liebe zu den Kindern, die da sind. Jedem ist es doch freigestellt, sein Leben von Zeit zu Zeit in Frage zu stellen. Nicht das richtige Studium gewählt zu haben, den falschen Job, den falschen Partner – das sind Erkenntnisse, die jedem zugestanden werden. Wenn aber eine Frau erkennt, dass die Mutterrolle sie nicht glücklich macht, gleicht das einer Katastrophe.

Ein Vater, der sich aus dem Staub macht, wird schräg angeguckt. Eine Frau, die ihre Familie verlässt, wird geächtet. Ein Mann darf auch freimütig bekennen, dass er in den ersten zwei bis drei Lebensjahren nichts, aber auch gar nichts, mit dem Kind anfangen konnte, für eine Mutter ist das unvorstellbar. Sie soll eins mit dem Kind sein, und zwar vom ersten Tag an. Sie hat instinktiv zu wissen, was wann zu tun ist. Hat sie ein Problem mit ihrem Muttersein, dann hat sie wohl das Kleingedruckte nicht gelesen, dann ist sie Opfer der modernen Unverbindlichkeit, eine *Zalando*-Mutter, die nicht kapieren will, dass ein Kind eine Anschaffung ist, für die gilt: Rückgabe ausgeschlossen. Will Mutti aus der Begeisterungsbox auch nur einen Millimeter hinaus, kommt ratzfatz der Deckel drauf.

Die Mutter steht unter Glückszwang – und zwar ab dem Moment der Schwangerschaft. Mutter werden, Mutter sein, das ist doch das, was sie sich immer gewünscht hat, sofern sie nur halbwegs normal ist. Eine Frau, die keine Kinder will, ist entweder lesbisch, hat noch nicht den Richtigen gefunden oder ist lesbisch, weil sie noch nicht den Richtigen gefunden hat.

Der Glückszwang ist die Pest der Gegenwart – sie setzt die Messlatte so hoch, dass nur das Unglück die Folge sein kann.

Früher bekam beinahe jede Frau ein Kind, meist mehrere. Das war so, gott- und naturgegeben, gehörte einfach dazu. Punkt. Heute entscheidet sich eine Frau bewusst für ein Kind, es ist eine von vielen verschiedenen Optionen. Das führt zu mehr Verantwortung und damit auch zu mehr Stress. «Du hättest ja kein Kind bekommen müssen, und nun jammere hier nicht rum.»

Wenn Ulrike schimpfte, dass der Vormittag auf dem Spielplatz furchtbar gewesen sei, es Stunden gedauert habe, bis die Kleine ihre Schuhe anhatte, und sie dann, kaum dass das Kind auf dem Spielplatz das erste Mal gerutscht war, aufgrund einer akuten Hungerattacke ihrer Tochter wieder zum Bäcker habe laufen müssen, unterwegs den Wutanfall ausgesessen habe, und wie das alles nerve – dann guckten die anderen Frauen schockiert. Als Ulrike schließlich irgendwann meinte, sie müsse jetzt ihren Mann mehr in die Pflicht nehmen, sagten genau die Frauen, die zuvor noch die Alleinverdiener-Patriarchat-Knechtschaft angeklagt hatten: «Der arbeitet doch schon so viel, das kannst du von dem nicht auch noch verlangen.»

Tatsächlich aber geben viele Väter zu Protokoll, dass

sie sich gerne mehr einbringen würden, ihr Frauen das aber nicht zuließet, weil ihr alles besser wüsstet. Warum könnt ihr nicht mal bei eurem Partner loslassen? Nur weil er dem Kind das karierte Jäckchen zur gestreiften Hose anzieht? Oder es ihm egal ist, wie viele Kubikmeter Sand Klein Johnny auf dem Spielplatz in sich reinschaufelt? Oder er vergisst, den Brei pünktlich um halb vier zu geben, weil er so ins Spiel mit der Kleinen vertieft war, dass es nun schon fünf ist?

«Lass mal, ich mach das schon», das ist das weibliche Todesurteil des väterlichen Ehrgeizes. Wie kommt ihr Frauen bitte auf diesen bekloppten Satz? Stellt euch vor, euer Mann würde beim Sex zu euch sagen: «Lass mal, ich mach's mir lieber selbst!» Wie würdet ihr euch dann fühlen?

Tiefenpsychologische Gespräche, die das Kölner Rheingold Institut geführt hat, bestätigten diesen Befund: Ein Drittel aller Frauen hat das Gefühl, ihr Mann sei in der Familie wie ein weiteres Kind. Vielleicht ist es ja umgekehrt: Schon mal daran gedacht, dass ihr eure Männer zu Kindern macht, indem ihr ihnen ständig suggeriert, ihr könntet es sowieso besser?

Dabei wollen beide Seiten dasselbe. Wir wollen uns einbringen, und ihr braucht Entlastung. Viele Mütter haben das Gefühl, alles allein regeln zu müssen und dabei selbst auf der Strecke zu bleiben. Was ihnen oft von ihren Partnern den Vorwurf einbringt, dass alles nur nach ihrer Pfeife tanzt. Es klingt wie eine unnötige Eskalation zweier Staaten, die dasselbe wollen, aber einfach nicht zusammenkommen, weil der Dolmetscher fehlt.

Da es nach wie vor Frauen sind, die wegen des Kindes beruflich zurückstecken, habt ihr vielleicht auch einfach das Gefühl, dieses Revier nun wirklich besonders verteidigen zu müssen und hier ganz allein perfekt zu sein. Das Verzweifeln an den eigenen Ansprüchen erhöht den Speed im Hamsterrad der Hyperperfektion. Überall muss man die Augen auf und die Finger drauf haben, sonst läuft gar nichts. Wenigstens noch die Schule lief früher alleine, heute muss man bei allem mitarbeiten, drübergucken und kontrollieren, dass da nicht am Ende noch heimlich beim Schullandheim-Aufenthalt eine Nachtwanderung gemacht wird. Da sagen viele Drohnenmamas: Nachtwanderung gern, aber nur um 12 Uhr mittags. Denn nachmittags muss das eine Kind zum Sportverein, das zweite zum Klavierunterricht, das dritte zum Ballett.

Nur wie kommen wir aus diesem Hamsterrad heraus? Darauf hat noch keine feministische Strömung bislang eine Antwort gefunden, meint Ulrike. Hier ist man erstaunlich sprachlos für eine Bewegung, die doch sonst sprachlich immer alles besser weiß. Der Schwarzer- und Großteile des Gegenwartsfeminismus treffen sich in der Ausblendung der Frau als Mutter. Die Frau mit Kind wurde kaum bedacht, kaum angesprochen, kaum ernst genommen. Mütter und ihre Sorgen, das ist wie ein anderer Planet, auf dem es angeblich auch Leben geben soll. Vielleicht fliegen wir mal hin, aber nicht jetzt. Es gibt wichtigere Fragen. Das mag ein Grund sein, warum so viele Frauen mit dem Feminismus hadern, warum sie auf einer anderen Frequenz empfangen, als er sendet. Vielleicht weil die Auseinandersetzung mit der Mutterschaft gerade heute komplexe Fragen aufwirft, die der Feminismus bislang allzu häufig weit von sich geschoben hat: die Rolle der Männer, die Wünsche der Frauen, die biologischen Muster, all das, was der reinen Selbstbestimmung zuwiderläuft, aus deren Glorifizierung der Feminismus bis heute seine Daseinsberechtigung zieht.

Ulrike sagt am Ende, sie wäre gerne Feministin, wenn sie nur einen Adressaten hätte, ein Sprachrohr für das, was sie beschäftigt. Das schwierigere Unterfangen sei es ohnehin, die Männer für die Sache zu begeistern. Warum gelingt das nicht? Vielleicht ist es die Angst bei uns Männern, die wir so selten zeigen: die Angst, dass wir uns doch stärker in unserer Identität bedroht sehen, als wir das zugeben wollen. Die Aufzucht des Nachwuchses ist für Frauen zusehends ohne uns möglich. Emotional ging das schon früher, wie zahlreiche Frauen seit dem Zweiten Weltkrieg bewiesen haben. Ökonomisch ist es auch immer einfacher, weil immer mehr Frauen arbeiten. Bald könnte uns auch die letzte Bastion genommen werden – die Zeugung des Kindes. Mit der Pille wurde die Nabelschnur zwischen Sex und Fortpflanzung zerschnitten, als Nächstes trennen wir die Fortpflanzung endgültig vom Sex. Viele Wissenschaftler halten es durchaus für möglich, dass in einigen Jahren das beim Menschen funktioniert, was in Japan schon in Versuchen mit Mäusen geklappt hat: Indem künstliche Samenzellen und künstliche Eizellen hergestellt werden, könnten Frauen alleine Kinder zeugen und austragen. Eine Frau könnte sich dann selbst befruchten. Das wären dann Ein-Eltern-

Kinder – eine ganz neue Form der Inzucht. Mit anderen Worten: Das Saarland wäre überall.

Ulrike erzählte, viele Leute in ihrem Umfeld hätten außerdem die Schnauze voll von Elitefeminismus. Ich muss an den letzten US-Wahlkampf denken, wo genau dieses Wort ein Kassenschlager war. Hillary Clinton galt als abgehobene Elitefeministin: eine hochdekorierte Akademikerin, die sich das easy leisten kann, nebenher noch für die Sache der anderen gutgebildeten hoch-wohlgeborenen weißen Frauen zu kämpfen. War sie es, die große Teile der weiblichen weißen Bevölkerung ins Trump-Lager trieb?

Und dann sind da ja auch noch die frustrierten weißen Männer, die ihre Felle davonschwimmen sehen und einem Rassisten und Sexisten den Weg ins Weiße Haus ebneten. Wie konnte es dazu kommen?

Übertrump(f)t von der Vergangenheit

Ich muss gar nicht bis Amerika fliegen, um Einblick in die Frustrationen der männlichen Seele zu bekommen. Es reicht schon eine Fahrt von Münster nach Bremen. An einem Freitagvormittag lande ich in einem heillos über-füllten Intercity und suche nach einem Platz im Bord-bistro, dem Exil der Gestrandeten unter den Reisenden, hier, wo sich alle treffen, die lieber drei Euro für ein Alibi-Wasser zahlen, als auf anderen Zeitgenossen zwischen Türen und Gängen auszuharren.

Der letzte freie Platz im Bistro ist neben einem Mann, er wird sich später als Boris vorstellen. Ich schätze ihn auf Anfang 50, schwarze Haare, von einigen grauen Strähnen durchsetzt. Boris ist Systemadministrator. Er ist eines von den Exemplaren, die sich in erster Linie gern selbst reden hören. Weil das auf Dauer langweilig wird, braucht er Publikum, eines, das seine Monologe abnickt, das zuhört, ohne zu unterbrechen. Offenbar bin ich in einen Vortrag geplatzt, den er seinem Gegenüber gehalten hat, einem etwas älteren Herrn, Typ Museumsbesucher und Deutschlandfunk-Hörer, mit Schal, passend zum T-Shirt, locker um den Hals gebunden, der mir jetzt einen etwas hilfesuchenden Blick zuwirft.

Das Erste, was ich von Boris höre, ist ein Monolog über Witze: Die Witze eines Mannes verbesserten sich in der Gegenwart einer Frau. Die Frau müsse so intelligent sein, dass sie die Witze des Mannes verstehe, dürfe aber niemals bessere machen. Damit schieße sie sich ins Aus. Lustige Frauen seien nicht attraktiv. Lustig seien die Männer. Ich erinnere mich an einen alten Gag, in dem es hieß, dass Frauen Männer wollten, mit denen sie lachen können, während Männer Frauen suchten, die über sie lachen.

Nun holt Boris zum Rundumschlag aus: Die Frau wolle den Beschützer. Das sei immer so gewesen und werde ewig so bleiben. Sie wolle den starken Mann, der die Möglichkeit zur Gewalt habe, ohne sie deshalb gleich anwenden zu müssen. Aber eine gewisse Angst sei gut für den Nachwuchs, man wisse das aus der Biologie. Denn wann vermehrten sich Wildschweine am besten? Wenn eine Sau der Gruppe abgeschossen werde. Dann würden sich die anderen auf der Stelle begatten, um die Nachkommenschaft sicherzustellen. Das sei so, ein Gesetz der Natur.

Nun kann ich nicht mehr an mich halten und entgegne, dass ich das für ausgemachten Schwachsinn halte. Ich würde gerne einmal sehen, wie sich Menschen unmittelbar nach einem Terroranschlag aufeinanderwerfen, um sich zu begatten. «Biologie», entgegnet Boris trocken, «Biologie.» Ich erwidere, der Mensch stamme ja nicht vom Wildschwein ab, da gebe es ja wohl Unterschiede. Kurz liegt mir auf der Zunge, dass ich Wildschweine insgesamt für bedeutend intelligenter halte als ihn. Aber ich schlucke den Satz herunter, dafür interessiert mich das vulgäre Verbal-Geprotze viel zu sehr. Ich fühle mich wie ein Gaffer bei einem Autounfall auf der Gegenseite der Autobahn: Es ist furchtbar, aber du kannst nicht aufhören hinzuschauen.

Frauen, fuhr der Kenner fort, seien mit 16 Jahren ausgereift, in jeder Hinsicht, während Männer in diesem Alter erst zu reifen begännen. Insofern sei es das Beste für eine Frau, im Alter zwischen 16 und 21 Jahren drei Kinder zu bekommen und dann, falls sie die entsprechenden Fähigkeiten habe, eine Karriere zu starten. Es mache, so der Geschlechtsgenosse, keinen Sinn, eine Enddreißigerin zu schwängern: Wer will schon aus einem Wasserglas trinken, in das zuvor 30 andere hineingespuckt hätten?

Mit blitzenden Augen schaute Boris in die Dreierrunde, er gefiel sich in der Provokation, es schien ein Satz zu sein, den er schon oft erprobt hatte: ein Gag, den er hier im geschützten Raum unter Männern wie eine Kanone abschießen konnte. Der Schal mir gegenüber guckte ein wenig verdruckst, unsere Blicke begegneten sich im fassungslosen Einvernehmen angesichts dieses Bullshits. Er wirkte, als wisse er nicht, wo er anfangen solle zu widersprechen. Egal, wo man den Faden aufnehmen würde, es wäre zwecklos; in etwa so, wie der verzweifelte Versuch, einer Wespe zu erklären, dass sich das Fenster auch nicht öffnet, wenn sie jede halbe Sekunde von neuem dagegenknallt.

Boris machte nahtlos weiter: Der Mensch funktioniere wie ein Computer, zwei Prozesse wechselten sich ständig ab, rechnen und speichern – und im Grunde seien die Frauen schon beim Rechnen überfordert, wie man ja immer wieder sehen könne. Vom Speichern mal ganz zu schweigen, schon beim Zwischenspeichern sei die Hardware überlastet. Haha.

Ich dachte: «Und du hast das Hirn eines Windows 95-Rechners mit der Speicherkapazität eines Commodore 64 und der Hardware eines Taschenrechners!»

Eine Eierdatenbank mit Personalausweis, das sei die Frau. Darum seien auch Abtreibungen ohne Zustimmung des Mannes abzulehnen: Der Slogan «Mein Bauch gehört mir» stimme zwar, das gelte aber nicht für die Frucht der Frau, die gehöre dem Kollektiv, der Gesellschaft, letztlich der Menschheit. Eine Frau dürfe man auch nicht zum Chef machen. Habe man einen Handwerker und zehn Akademikerinnen, müsse man immer den Handwerker zum Chef machen, nur der könne Entscheidungen treffen. Denn entscheiden komme von scheiden, mit dem Schwert teilen, und das Schwert in der Hand halte nun einmal der Mann, nicht die Frau. Ich widersprach, wie viele Frauen es gebe, die in Führungspositionen sehr überzeugend seien, und dass Männer ebenfalls Entscheidungsschwierigkeiten hätten, aber es war sinnlos. Alles «ist nun mal so», «es ist wissenschaftlich erwiesen» oder einfach «von der Natur gewollt».

Ich fragte ihn, ob er den gleichen Monolog auch gehalten hätte, wenn eine Frau hier gesessen hätte. Er meinte: Nein, das verbiete ja diese verdammte *Political Correctness*. So weit seien die Frauen noch nicht.

Als ich mich nach über einer Stunde der Gehirnwäsche erfolgreich entzog und aussteigen musste, sagte Boris noch, er suche wieder eine Frau, aber keine deutsche, die seien zu anstrengend, eine osteuropäische, das wär's. Für die gelte selbst er noch als reich, und das sei es doch, was Frauen wollten.

Für mich hatte diese Stunde einen gewissen, wenn auch verstörenden Unterhaltungswert. Für mich ist es leicht, mich über Leute wie Boris lustig zu machen und mir zu sagen, ein paar dieser unerschütterlichen Bekloppten muss die Gesellschaft einfach aushalten. Ich kann ihn schlicht als Idioten abtun. Aber wenn ich mich in meinem Umfeld umhöre und Frauen nach solchen Erlebnissen frage, ist es doch erschreckend, wie häufig ihr mit solchen Männern in verschiedensten Ausprägungen konfrontiert seid. Und zweifellos wäre es auch schöner, hier an seiner Statt von einem dieser Vorzeigepapas aus den gentrifizierten Stadtteilen zu erzählen, die zwischen bilingualen Schulen, Teilzeitjobs, Biosupermarkt und *Bugaboo*schieben hin- und herhechten. Er wäre ein Signal für den Aufbruch, für das Neue, der Beweis, dass der Feminismus auch bei den Männern Funken schlagen kann und wir doch schon viel weiter sind, als uns die neunmalklugen Umfrageinstitute ständig weismachen wollen. Die Welt wäre rosa – endlich nicht nur für die Frauen.

Boris aber ist die dunkle Seite, der Abgrund, den wir hinter die rote Linie verbannen, wie alles, worin wir uns im Grunde selbst erkennen – wenn auch verzerrt.

Zweifellos spiegelt er nicht den Blick der männlichen Mehrheit auf Frauen wider, aber Ansichten wie seine spielen, in ihrer ganzen bizarren Logik, einem Zeitgeist in die Hände, der beunruhigen muss. Es ist der neue Biologismus, der die Zumutungen der Gegenwart mit technischem Vokabular zu erklären versucht, mit Gesetzen, die «einfach so sind», weil sie «immer so waren». Ewigkeit und Natur als Begründung. Wo die Wildsau ist, kann der Mensch nicht weit sein.

An Männern wie Boris zeigt sich die Verunsicherung nicht nur der alten weißen Männer, sondern einer wachsenden Gruppe von Menschen, die nur eine Antwort auf die Herausforderungen der Gegenwart kennt: den Rückfall in Muster, in denen Frauen- und Genderbewegtheit noch keine Rolle spielten. Gäbe es ein deutsches Äquivalent zu Trump – in Boris aus dem Bordbistro hätte er seinen ersten Wähler.

Was macht seine Rede so beunruhigend, abgesehen von ihrer verabscheuungswürdigen Arroganz? Es ist der darin propagierte Vulgärbiologismus, mit dem die Ungleichbehandlung der Frau begründet wird, und die Tatsache, dass Männer über Frauenkörper bestimmen.

Ein Blick in die Geschichte zeigt: Die großen Rückschritte wurden stets auf Kosten des weiblichen Körpers gemacht. Alle totalitären Herrscher begannen die Ausweitung ihrer Machtzone mit Vorschriften gegenüber Frauen: Indem sie entweder weniger Kinder (China) oder mehr und nur gesunde (Hitler) bekommen sollten oder indem ihnen die Möglichkeit des Schwangerschaftsabbruchs genommen wird, indem die entsprechenden Vereine finanziell ausgetrocknet werden sollen (Trump). Die Frau wird über ihren Körper, über die Entscheidung, sich fortzupflanzen oder nicht, kontrolliert. Man denke nur an Verhütung, Pille oder Abtreibung. Geburtenplanung bedeutet Aussterben, so die Verfechter des neuen Biologismus, also muss Abtreibung verboten werden, weil nur so den «dauerwerfenden Migrantinnen» mit eigenem Genmaterial etwas entgegengeworfen werden kann.

Schon im Wahlkampf hatte Donald Trump keinen Hehl daraus gemacht, was er von Frauen hielt – und wer seiner Ansicht nach das Sagen hat. Er bezeichnete sie als Schweine, bemäkelte ihr Gewicht, benotete ihr Aussehen auf einer Skala von eins bis zehn und sagte, dass er als prominenter Mann es sich auch leisten könne, sie einfach anzugrapschen. Trotz dieser Aussagen entschieden sich 53 Prozent der weißen Frauen, die zur Wahl gingen, für ihn – und nicht für Hillary Clinton.

Wie kann es sein, dass so viele Frauen im 21. Jahrhundert einen Mann wählen, der sie wie Scheiße behandelt? Es gibt meiner Ansicht nach zwei Erklärungen für den riesigen Erfolg von Trump: Nicht nur Männer haben das Gefühl, kein Oberwasser mehr zu haben – auch Frauen fühlen sich überwältigt, überfordert und entwertet: demographisch von Einwanderern, ökonomisch von den aufstrebenden asiatischen Ländern, persönlich durch fehlende Orientierung, durch zu viele Entwicklungen in zu vielen Bereichen in zu kurzer Zeit. Frauen wie Männer haben Angst um ihre Arbeitsplätze, können nicht mehr Schritt halten mit der Schnelligkeit der technischen Entwicklungen, sie fürchten sich vor Terrorismus und finden, dass zu viel für Minderheiten getan wird und zu wenig für sie. Der Schutz durch Größe, durch kompromisslose Ansagen und bedingungslosen Protektionismus trifft auf fruchtbaren Boden. Da guckt man auch mal großzügig über den einen oder anderen Sexismus hinweg – so sind sie halt, die Männer, viele Frauen kennen das ja von zu Hause. Solange er zuverlässig ist, die Kohle nach Hause bringt und so die Familie ernährt und beschützt, lässt man ihm solches Verhalten durchgehen als Kollateralschaden des Y-Chromosoms.

Frauen, die Trump wählten, wählten also ein vertrautes Muster: Sie wählten das Zerrbild des ewigen kleinen Jungen, der um sich schlägt, ausschließlich intuitiv handelt, ein Sklave seiner Emotionen ist, ungezogen, ewig halbwüchsig, verspielt, aber voller Tatendrang und mit dem besinnungslosen Willen, als väterlicher Kämpfer die Familie wieder so reich zu machen, wie sie in den goldenen Zeiten der Vorfahren einmal war. Damit wird er zugleich zum radikalen Gegenentwurf zu all den vom Elitefeminismus durchgeschüttelten und auf links gedrehten Spielplatzsitzer-Männern.

Der ganze Irrsinn ist nur wirklich zu verstehen, wenn

wir uns Trumps Gegnerin, Hillary Clinton, anschauen. Sie war schon First Lady, Außenministerin, Vizepräsidentin, ist Mutter, Großmutter. Sie ist eine Vorzeigefeministin, eine Kämpferin für die Frauen und ihre Rechte. Und doch zogen viele Frauen Trump als Präsidenten vor. Stimmt es vielleicht, was Alice Schwarzer in Berlin gesagt hatte, dass Frauen nach wie vor wenig solidarisch miteinander sind?

Noch mehr, als Männer wie Boris weiblicher Macht misstrauen, misstrauen Frauen weiblicher Macht. Frauen sind noch immer die größten Frauenfeinde und machen sich gegenseitig zu Komplizinnen ihrer eigenen Unterdrückung. Die amerikanische Feministin Angela McRobbie führt das auf die andauernde Selbstbeobachtung von Frauen zurück. Weil ihr, wie wir gesehen haben, stärker nach eurem Äußeren beurteilt werdet und noch immer mehr leisten müsst, um dieselbe Anerkennung zu bekommen wie ein Mann, kontrolliert ihr euch stärker selbst, aber auch alle anderen Frauen, die euch umgeben. «Diese Kontrolle stärkt gleichzeitig das Stereotyp, dass Frauen eben nicht solidarisch untereinander sind, sondern boshaft und zickig», so Angela McRobbie in einem Interview mit der *Süddeutschen Zeitung*.

Hillary Clinton hielt Frauen einen Spiegel vor, in den nachvollziehbar kaum eine von ihnen schauen will: An ihr konnten sie ablesen, dass man, egal wie weit man als Frau auch gekommen sein mag, es doch immer nur falsch machen kann.

Clinton hatte ihren Mann nicht verlassen, sondern war bei ihm geblieben, obwohl er mit der Praktikantin rumgemacht hatte. Das war falsch. Hätte sie ihn stattdessen verlassen, wäre es wahrscheinlich genauso falsch gewesen. Sie sollte mehr lächeln, aber bitte nicht zu viel, sie sollte weicher werden, aber nicht die harmlose Omi mimen, die sie irgendwann so sehr betonte. An Clinton zeigte sich ein riesiges Problem: Ist eine Frau cool, nennt man sie kalt. Ist sie selbstbewusst, bezeichnet man sie als zickig, ist sie emotional, als hysterisch. Sie geht nicht zur Arbeit, sie vernachlässigt ihre Kinder. Die Frau ist per se der Mangel, der Fehler in Person. Und wer will schon vier Jahre lang das eigene Schicksal vergrößert auf der Leinwand der Politik begutachten? Da kann Clinton so viel für Frauen tun, wie sie will, am Ende ist sie das Sinnbild einer Ernüchterung – zeigt sie doch nur, dass es alles nichts bringt.

Da entschieden sich viele Frauen lieber für den ungezogenen Bengel mit der großen Klappe. Für einen, der das bekannte und dadurch weniger furchteinflößende Bild der Frau propagiert, die an seiner Seite einfach nur schön sein muss. Ein Preis, den viele Frauen offenbar gern zu zahlen bereit sind, sofern das Geld wie bei den Trumps in der Familie bleibt.

Die Wahl von Trump zeigt lediglich die Spitze des Eisbergs. In Europa ist man sogar noch einen Schritt weiter. Hier wählen Frauen nicht nur Rechtspopulisten, hier sind sie es auch: Marine Le Pen in Frankreich, Beata Szydlo in Polen und Frauke Petry in Deutschland. Insbesondere Beata Szydlo gehört zu den größten Frauenfeinden in Europa, wollte sogar Abtreibung nach Vergewaltigungen verbieten lassen. Marine Le Pen dagegen möchte nur die

Kosten für eine Abtreibung nicht erstatten. Nach den Ereignissen in der Kölner Silvesternacht 2015/16 versuchte sie sich sogar als Frauenrechtlerin: Sie instrumentalisierte das Ereignis, um Flüchtlinge für das Ende der Frauenrechte verantwortlich zu machen. Dabei ist Marine Le Pen, so wie ihre Partei, nach wie vor erzkonservativ: Ihre Abgeordneten erzählen gerne von den Vorteilen, die es hat, wenn Frauen nicht berufstätig sind. Dann werden nämlich Arbeitsplätze frei.

Wie passt das mit der Tatsache zusammen, dass Le Pen selbst dreifache Mutter, berufstätig und alleinerziehend ist? Ich meine, es handelt sich um eine absichtliche, sehr geschickt platzierte Doppelbotschaft. Nur, indem sie eine Frau mit einer modernen gebrochenen Biographie ist, kann sie es schaffen, diesen beträchtlichen Teil der weiblichen Wähler, die ebenfalls getrennt, geschieden, alleinerziehend oder alles auf einmal sind, auch noch einzusammeln. Sie lässt die rassistische Hardliner-Drecksarbeit die zahlreichen Männer aus der zweiten Reihe machen. Die können dann als Identifikationsfiguren für die frustrierten Kerle unter den Wählern dienen, während sie selbst als schillernde Rampensau das Getöse etwas abschwächt, indem sie ihr eigenes Leben als Mittel zum Zweck einsetzt. Nur so bleibt der Front National ein bunter Gemischtwarenladen, der sein Heil nicht nur stumpf in der heilen Welt des Vorgestern sucht. Ein bisschen Moderne für die gebeutelten Frauen, starker Tobak für den Rest. Außerdem kann nur eine Frau, die von den Errungenschaften der heutigen westlichen Welt selbst profitiert hat, wie das Recht auf Scheidung und

Erfolg im Job plus Kinder, wirklich erfolgreich gegen den Islam hetzen und das Abendland vor seinem Untergang bewahren. Die Message ist: Nur die Mauern, die wir um uns hochziehen, können uns helfen, weiter ein modernes Patchwork-Leben zu führen. Radikal gegen das leben, was man politisch denkt.

Das verbindet Marine Le Pen mit Frauke Petry. Auch sie hat vier Kinder, hat aber ihren Mann verlassen, um nun ein fünftes mit ihrem Parteikollegen und Neu-Ehemann Markus Pretzell zu bekommen. Privat fortschrittlich, politisch vorgestrig, das ist die nur scheinbar widersprüchliche Maxime der neuen rechten Frauen. Beide haben sich gegen Männer durchgesetzt, Marine Le Pen sogar gegen ihren Vater, Frauke Petry immerhin gegen Bernd Lucke. Gut, das ist kein Gegner, sondern eher ein Opfer, aber sei's drum.

Und was sagt das Parteiprogramm der AfD zur Rolle der Frau? Erst mal soll die Frau endlich wieder ihrer Pflicht nachkommen und die Zahl der einheimischen Kinder erhöhen – mindestens drei sollten es schon sein. Die soll sie zu Hause alleine großziehen, Vatti muss schließlich arbeiten. Außerdem soll sie sich wieder verstärkt um die alten Angehörigen kümmern. Interessanterweise entspricht das genau dem Modell, das Hunderttausende muslimischer Frauen in Deutschland leben. Wenn die Anti-Islam-Partei AfD hier in Deutschland das Sagen hätte, müssten nicht die Zugewanderten sich uns anpassen, sondern wir uns den Zugewanderten. Das ist eine Pointe, die ich mir nicht schöner hätte ausdenken können.

Da die Mehrheit der Rechtswähler noch immer Männer

sind, können wir sagen: Männer wählen autoritäre Parteien, in denen Frauen das Sagen haben, die ihre Frauen dann wieder dahin zurückbefördern, wo sie, die Männer, eigentlich gern selber hinwollen: in die scheinbar heile, übersichtliche Welt der Vergangenheit. Dorthin, wo es noch cool war, zu saufen, Auto zu fahren, besoffen Auto zu fahren, im Stehen zu pinkeln und Frauen anzugrapschen.

Beyoncés Vermächtnis

In haushohen Buchstaben erstrahlt das Wort «Feminist» auf der Bühne. Vor einem leuchtenden Schriftzug zeichnet sich die Silhouette einer Frau ab. Wir schreiben das Jahr 2014, und was folgt, ist der Auftritt von Popstar Beyoncé Knowles bei den *MTV Video Music Awards*. Die schönste Frau der Welt, wie das Magazin *People* mehrfach befand, macht sich also stark für den vermeintlich angestaubten Feminismus.

Statt sich darüber zu freuen, bekamen die Altvorderen unter den Frauenkämpferinnen unverzüglich Schaum vor dem Mund. Die amerikanische Journalistin Andi Zeisler bezeichnete solche Aktionen in ihrem Buch *Wir waren doch mal Feministinnen* als «entpolitisierten Marktplatz-Feminismus». Den Ausverkauf einer politischen Idee, Verrat an der Sache der Frauen. Entertainment statt Empörung, halbnackte Körper statt harter Kämpfe an der Diskursfront. Alles zu spaßig, alles nicht ernst genug. Skandal im Sperrbezirk der Korrektheiten.

Damit sind wir – meiner Meinung nach – beim zentralen Problem des Feminismus heute: seiner Unterhaltungs- und Humorfreiheit. Alles, was nicht todernst ausdiskutiert wird, alles, was die Frau nicht als Opfer, als Leidende oder als noch lange nicht befreite, eingeschlossene, mindestens aber unterdrückte Figur vorstellt, muss verdächtig erscheinen. Wenn schon Millionen Amerikaner dem sogenannten Elitenfeminismus den Rücken kehren, könnte es doch eine Chance sein, dass ein Star mit der Strahlkraft von Beyoncé gerade auch Menschen ins Boot holt, die sonst nichts mit Feminismus anfangen können. Aber schon die Zusammenführung von Sexyness und einem feministischen Anspruch ist den üblichen Verdächtigen ein Dorn im Auge. Das Selbstverständnis einer Beyoncé macht ihnen das Geschäftsmodell des Dauerschmollens kaputt.

Beliebter ist im Gegenzug der niemals endende Zoff an der Sprachfront, dem *Billy*-Regal unter den emanzipativen Diskussionen. Auch wenn es schwer zu akzeptieren ist, teilen sich die meisten Menschen noch immer freiwillig und ohne größeres Zögern in die Kategorien Mann und Frau ein. Nicht so in mehreren Berliner Bezirksämtern. Dort wird in Formularen, Anträgen und Dienstanweisungen künftig geschlechterneutral geschrieben. In einer Wüste aus Sternchen, Unterstrichen und X-en spricht man in Zukunft von den Antragstellenden. Das klingt so sexy wie ein Furz im Bett.

Ist es unter diesen Umständen nicht auch ungeheuer diskriminierend, dass niemand je von Salafistinnen und Salafisten spricht? Von Extremistinnen und Extremisten? Nein, das Böse ist männlich. Punkt, aus. O. k., fast alle Attentäter und Terroristen *sind* Männer, aber es könnten ja unter der Haube auch ein paar Extremisten sein, die sich lieber als Frau in die Luft sprengen würden, es aber nicht dürfen – oder es gerade deshalb tun, weil sie im falschen Körper leben müssen und unter ihrem Kaftan einfach nicht rauskommen? Sind wir also alle im Mittelalter stehen geblieben, wenn wir noch in der Kategorie Mann-Frau denken und schreiben?

In einer Diskussion mit Studenten – Verzeihung, Studierenden – lerne ich, dass diese ihre E-Mails nach Möglichkeit nur noch morgens und abends schreiben, denn da müssen sie ihre Dozenten nicht mit deren Namen und der dazugehörigen, geschlechtstendenziösen Bezeichnung «Herr» oder «Frau» titulieren, sondern können es bei einem garantiert neutralen und doch freundlichen «Guten Morgen» oder «Guten Abend» belassen. Das ist das Waffenstillstandsabkommen an der Genderfront. Inzwischen sei man sogar dazu übergegangen, einfach das englische «dear» zu benutzen, auch bei deutschen Dozenten, deren Englischkenntnisse im Dunkeln bleiben müssen. Das sei geschlechtsneutral, und man könne es garantiert diskriminierungsfrei zu jeder erdenklichen Tageszeit benutzen.

Nächtelang kann man mit Studentinnen, Studenten und allen, die sich dazwischen wohler fühlen, über In- und Exklusion durch Sprache diskutieren. Diese Diskussionen sind wie ein Kühlschrank, der sich ständig aufs Neue selbst befüllt: Es ist schlichtweg unmöglich, eine vollkommen und endgültig diskriminierungsfreie Sprache zu schaffen. Wer keinen ausschließen will, schließt am Ende alle ein – ins Gefängnis einer Sprache, die keiner mehr sprechen kann und will. Eine Sprache, die vollkommen jeden Lebens beraubt ist und auf der ästhetischen Stufe eines trockenen Gesetzestextes angekommen, wird keine Macht mehr haben. Oder lest ihr gerne mal zum Einschlafen euren Kindern das bürgerliche Gesetzbuch vor, einfach weil es so prosaisch daherkommt? «Soweit der Schuldner die fällige Leistung nicht oder nicht wie geschuldet erbringt, kann der Gläubiger unter den Voraussetzungen des § 280 Abs. 1 Schadensersatz statt der Leistung verlangen, wenn er dem Schuldner erfolglos eine angemessene Frist zur Leistung oder Nacherfüllung bestimmt hat. Hat der Schuldner eine Teilleistung bewirkt, so kann der Gläubiger Schadensersatz statt der ganzen Leistung nur verlangen, wenn er an der Teilleistung kein Interesse hat.» Um es deutlich zu sagen: Von mir aus kann jeder das Geschlecht haben, das er will. Von mir aus kann es so viele Geschlechter geben wie Menschen, und sie sollen alle ihren Platz in dieser Gesellschaft haben – auch eine Diskussion darüber, wie die, die sich anders fühlen, sich angenommen und respektiert fühlen, ist absolut zu begrüßen. Das Problem besteht in der Verkapselung derer, die das Thema auf die Agenda bringen. Die Frage, worüber man eigentlich sprechen will, gerät dabei völlig ins Hintertreffen. Wer braucht noch Inhalte, wenn die Form schon der Inhalt ist?

Die Durchgegenderten halten dem entgegen: Die Art, wie wir sprechen, verändere unser Bewusstsein und damit unser Urteil darüber, wie wir die Welt sehen. Das mag sein, aber: Eine Sprache, die keiner sprechen will, weil sie die Mindeststandards an Verständlichkeit nicht erfüllt, wird auch nicht die pädagogische Funktion erfüllen, die sich die erhobenen Gender-Zeigefinger erhoffen.

Die verbissenen Haarspaltereien in Sachen hyperkorrekter Sprache sehen mittlerweile auch honorige Feministinnen kritisch. Die Philosophin Cornelia Klinger schreibt in dem Sammelband *Die Zukunft von Gender*: «die Eiertänze um Worte ... sind ein Symptom der Schwäche und der Selbstschwächung» der Frauenbewegung, sie schaufele so «ihr eigenes Grab». Unter dieser Prämisse ist die Mumifizierung in den USA schon in vollem Gange. Hier ist die Debatte schon vollständig im Absurden angekommen: Nach der reinen Lehre einiger Feministinnen macht sich jeder Mensch prinzipiell, schon indem er spricht, des kulturell erworbenen Rassismus schuldig. Da es keinen Weg gibt, keine Rassistin zu sein, sollte Frau besser den eigenen Rassismus anerkennen und zur Selbstanklage bringen. Dazu gehöre auch, nicht zu freundlich zu schwarzen Frauen zu sein, denn dies sei ein Indiz für schlechtes Gewissen und damit rassistisch. Das bedeutet im Umkehrschluss: Nur wer zu einer schwarzen Frau so mies ist, wie es nur ein lupenreiner Rassist sein kann, zeigt, dass er kein Rassist ist, indem er sie nicht besser behandelt als eine weiße Frau, die er dann in der Behandlung ebenfalls auf das Niveau einer schwarzen Frau herabstufen muss, damit beide wieder gleich mies behandelt werden, weil sie Frauen sind. Das ist dann nicht rassistisch, dafür aber sexistisch und einfach scheiße – immerhin aber mit den richtigen Absichten.

Vor lauter Fixiertheit darauf, wer überhaupt noch etwas sagen darf, setzt am Ende ängstliches Schweigen ein. Es herrscht Zickenkrieg im Frauenförderparadies. Obwohl alle Gleichheit wollen, heben sie nur noch auf Differenzen ab, sodass paradoxerweise am Ende lediglich Unterschiede bleiben. Sicher ist nur: Man bleibt garantiert Opfer. Aber Opfersein ist keine emanzipierte Haltung, sie bringt nur Mitleid ein, und Mitleid ist die größtmögliche Herabwürdigung, die man einem Menschen zuteilwerden lassen kann.

Dabei ist der Kampf gegen Alltagssexismus ungeheuer wichtig, gerade heute, da er wieder salonfähig ist. Maren erzählte mir: Sie sei als Fotze beschimpft worden, die sich ins Haus scheren solle, weil sie bei Grün über eine Fußgängerampel gelaufen war und der Autofahrer beim Abbiegen hatte warten müssen.

Noch härter trifft es Frauen, die in der Öffentlichkeit stehen. Alpha-Frauen sind das neue Hassobjekt vor allem männlicher Trolle im Internet: Als die ZDF Sportreporterin Claudia Neumann im Sommer 2016 als erste Frau die Übertragung eines Fußball-EM-Spiels der Männer kommentierte, schrieben ihr Hunderte Männer, wo sie hingehöre: zum Dressurreiten der Damen und an den Herd. Der britische *Guardian* hat eine Top-Ten-Liste der Autoren erstellt, die am häufigsten Hasskommentare bekommen. Acht von ihnen sind Frauen. Auf Platz eins war die Autorin einer feministischen Kolumne. Als Reaktion erhielt sie neben Zuspruch Vergewaltigungsdrohungen gegen ihre fünfjährige Tochter. Die einzigen beiden Männer auf der Liste waren übrigens Schwarze.

Wer sich kontrovers zu den heißen Eisen der Gegenwart äußert, wird ungefragt geduzt oder als «Gretchen» verniedlicht. Im härteren Fall folgt der Ratschlag, sie «brauche wohl mal wieder einen Riesenschwanz» oder «zehn Maximalpigmentierte». Das alles wird mit Klarnamen geschrieben, inklusive Signatur in der Mail. Es ist bei weitem nicht nur der dumpfe Bock, der hier die Tasten quält, es sind auch die Herren mit Diplom und Doktortitel, die Schaum vor dem Mund haben.

Und wer bitte braucht Werbung wie jenes Plakat, auf dem die Umrisse einer jungen nackten Frau zu sehen sind, daneben der Satz: «Große Berge, feuchte Täler und jede Menge Wald»? Man glaubt es kaum, aber das war das offizielle Plakat des Ferienlands Schwarzwald. Die Bemerkung über den Wald zeigt, dass die Intimrasur im Schwarzwald noch nicht so richtig angekommen ist. Vielleicht schließt sich ja Brasilien bald mit einer ähnlichen Kampagne an: «Rio de Janeiro – Ihr Brazilian Landing Strip». In Brasilien kennt man sich ja aus mit der großzügigen Rodung von Regenwald.

Wie viel es tatsächlich noch zu tun gibt, zeigte sich auch dieses Jahr wieder bei den *Oscar*-Verleihungen. Unterzieht man die neun nominierten Filme in der Kategorie «Bester Film» dem «Bechdel-Test», sieht es düster aus. Die amerikanische Cartoonistin Alison Bechdel hat ihn in den 1980er Jahren eigentlich aus Spaß erfunden. Aber aus Spaß wurde schnell Ernst. Der Test prüft Filme daraufhin, ob und wie Frauen darin repräsentiert werden. Und das anhand dreier Fragen: Kommen mindestens zwei Frauen vor, die es zu einem Namen gebracht haben?

Reden diese miteinander? Und handelt der Dialog von etwas anderem als Männern? Vier der in diesem Jahr nominierten Filme bestehen den Test nicht, zwei kommen nur durch, wenn man kleine Mädchen im Vorschulalter als Frauen durchgehen lässt. Nur *Hidden Figures*, der Film über drei schwarze Mathematikerinnen bei der NASA, besteht den Test – ebenso wie damals *Pretty Woman* mit Julia Roberts. Auch *50 Shades of Grey* kommt locker durch. Prädikat: schwach, aber ohne falsche Männerdominanz.

Außerdem: Frauen, die Sexszenen spielen, kriegen häufiger einen Oscar als Männer, die blankziehen. Frauenfiguren in Filmen sind meist jünger als die männlichen, seltener bei der Arbeit zu sehen und häufiger beim Kochen.

Es ist also schwierig, gerade für euch junge Frauen, in den Mainstream-Medien auf Frauenfiguren zu treffen, die als Vorbilder oder als Inspiration dienen können. In denen Frauen als denkende, kluge, witzige Menschen dargestellt werden, die sich nicht nur über den Mann definieren. Und oft genug fällt es uns noch nicht einmal auf, dass es so ist.

Bei Beyoncés feministischem VMA-Auftritt war mir ihr Outfit aufgefallen: Sie trug einen Body aus vielen bunten Spiegeln, dazu Netzstrümpfe. Sie tanzte wie eine Stripperin – man konnte an patriarchale Abgründe einer dunklen Zeit denken und den Geruch der weiblichen Demütigung atmen, wenn man wollte. Beyoncé sang Songs ihres Albums: «Ich bin in meinem Penthouse, nackt. Ich habe nackt für dich gekocht. Wo zum Teufel bleibst du? [...] Ich bin nämlich eifersüchtig, ich bin auch nur ein Mensch.»

Ist das nicht ein Rollback? Nein, gerade das nicht. Ausgerechnet Beyoncé, der von der reinen feministischen Lehre die Frauenkampf-Lizenz entzogen wurde, verkörpert die vielfältigen Rollen, die eine Frau heute haben kann, meiner Ansicht nach wesentlich zeitgemäßer als viele andere Strömungen. Sie unterstützt die Sache der Frauen, zugleich verweist sie mit großer Selbstverständlichkeit auf die eigene Attraktivität und kocht auch mal nackt für ihn, was dem feministischen Engagement nicht widerspricht, sondern es ergänzt und erweitert. Und wer weiß denn schon, ob ihr Mann, der Rapper Jay Z, nicht vielleicht zu Hause nackt putzt? Es ist wahrscheinlich, wie hätte er sonst je auf seinen Hit «It's a hard knock life» kommen sollen, zu Deutsch: Es ist ein knallhartes Leben.

Einen Wermutstropfen hat das Ganze vielleicht: Beyoncé trägt zur Glorifizierung der Frau bei, die alles schafft: Mutter, Ehefrau, Karriere, Selbstverwirklichung und dabei ungeheuer schön und reich. Wenn also der Feminismus schon an Beyoncé rummäkelt, dann bitte nicht, weil ihr der Spagat zwischen Sexyness und Selbstbestimmung gelingt, sondern daran, dass sie die Frau erneut in die Rolle der niemand gerecht werdenden omnipotenten Alleskönnerin katapultiert. Eine neue Runde im Clintonesianismus. Darum ist Geschichtsbewusstsein so wichtig. Es ist entscheidend, stets aus den richtigen Gründen schlechte Laune zu bekommen.

MACHT

Unter Quotendruck

Jetzt hat sie also den Job. Obwohl sie eine Frau ist –
oder gerade weil sie es ist? So klar weiß sie das selbst
nicht. Es hat gedauert. Verdammt lange hat es gedauert. Fünf Abteilungsleiter-Positionen mussten neu besetzt werden im Sender, und es war ein Geschachere bis zur letzten Minute. Bei drei Posten war klar, dass sie ein Mann machen wird. Da hatten die Silberrücken eine Lobby oder brüllten einfach so laut, dass sie es sich zutrauen würden, bis jeder es ihnen zutraute. Der Sender braucht Quote – da muss eine Frau her. Das ist häufiger so: In einer britischen Studie zeigte sich, dass Frauen meist dann in Leitungsfunktionen berufen werden, wenn die Geschäftsentwicklung schlechter ist, Männer dagegen, wenn sie konstant ist. Ist der Karren im Dreck und die Sackgasse sichtbar, muss eine Frau ran. Das bedeutet in

der Konsequenz tatsächlich, dass Frauen häufiger scheitern – aber nicht, weil sie schlechter sind, sondern weil Mann ihnen einen chancenlosen Posten gegeben hat.

Der Programmdirektor wollte sich hervortun und hatte sie als Abteilungsleiterin vorgeschlagen. Stolz war er durch die Firma gelaufen, denn Katharina war keine interne Beförderung, sie kam von draußen. Eine Frau und dann noch eine Quereinsteigerin, ganz ohne den sonst üblichen Stallgeruch, das musste mindestens ein Bundesverdienstkreuz geben, hatte sich der Direktor gedacht. Die Frauenbeauftragte musste ihm die Füße küssen dafür und hoffentlich bei den drei nächsten Männerberufungen die Klappe halten. Katharina, Mitte 40, lange braune Haare, man würde sagen, attraktiv, war aus Berlin in die bayerische Provinz gekommen. Unter den Männern, die sich nicht beworben hatten, ging es zur Sache: «Den Job hat sie nur bekommen, weil sie eine Frau ist. Kein Mann hätte mit diesem Profil diese Chance bekommen. Schade, dass sie zu alt ist, um schwanger zu werden, dann wäre man sie mal ein Jahr los. Aber was will man erwarten, klar, eine Frau Mitte vierzig ohne Kind. Die hat ja nichts außer ihrer Karriere. Typisch Quotenfrau.» Alles, was Katharina tat, wurde aufmerksam beobachtet. Wann sie in welchen Restaurants verkehrte, mit wem und vor allem, wie viel Wein sie dabei getrunken hatte. Und dann immer die verlängerten Wochenenden, in denen sie von Freitag bis Dienstag unter dem Vorwand dienstlicher Termine nach Berlin flog! Hoffentlich bleibt sie dort und kommt nicht wieder, raunten viele.

Einem Mann in einer Führungsposition wird gesagt: Du wirst hart arbeiten, reich und erfolgreich sein, wirst Freunde und Bewunderer haben, die Welt wird dir zu Füßen liegen und die Frauen erst recht. Frauen wird gesagt: Du wirst hart arbeiten, nicht ganz so reich sein, vielleicht auch ein bisschen erfolgreich, in jedem Fall aber einsam, unglücklich und frustriert. Männer haben es geschafft, weil sie sehr begabt oder intelligent sind, eine Frau hatte einfach Glück. Bei Misserfolg ist es umgekehrt. Dann hatte er eben Pech, sie hat es aber leider versemmelt, weil sie zwar für eine Frau ganz gut, aber eben nicht gut genug ist. Im Erfolgsfall liegt die Verantwortung bei ihm, im Fall des Misserfolgs bei ihr. Schon wieder kann Frau es nur falsch machen.

Ich erinnere mich an meinen ersten Chef bei einem Privatradiosender. Er war damals Mitte 30, wohnte etwa 50 Kilometer vom Sender entfernt im Hochschwarzwald. Bei Wind und Wetter fuhr er morgens um 4 Uhr zum Frühdienst ins Tal, mittags um 13 Uhr wieder zurück. Nebenher hatte er mehrere Kinder gezeugt, eine Doktorarbeit in Geschichte geschrieben und später als Oberbürgermeister seiner Heimatgemeinde kandidiert. Im Kollegenkreis war man voller Bewunderung: Dieser Typ hat einfach Disziplin! Dass vielleicht auch ein Job leiden könnte, stand nie zur Debatte.

Wie schwer ihr es im Job dagegen bis heute habt, zeigt auch das Beispiel des Neurobiologie-Professors Ben Barres, eines Frau-zu-Mann Transsexuellen. Er berichtet davon, dass er kurz nach seiner Geschlechtsumwandlung ein Fakultätsmitglied habe sagen hören, dass er, Ben, eine phantastische Seminarsitzung abgehalten habe, und fachlich sowieso viel besser sei als seine Schwester.

In einer amerikanischen Studie schickten Forscher zwei hervorragende Bewerbungen um einen Lehrstuhl im Fach Psychologie ein – einmal den einer fiktiven Frau und einmal den eines fiktiven Mannes, beide identisch qualifiziert. Die Bewerbung der Frau war viermal so oft von zweifelnden Anmerkungen begleitet wie die des Mannes. So forderte man von ihr Belege dafür, dass die angegebenen Leistungen ihre eigenen seien, und wollte erst mal abwarten, ob sie sich bewährt.

Gegen diese Stereotype helfen offenbar auch keine Quoten, die, wie sich zeigt, ohnehin fast nichts bewirken: Das Deutsche Institut für Wirtschaftsforschung zeigt in einer aktuellen Studie, dass Vorstände nach wie vor Männerdomänen sind. In den 200 umsatzstärksten Unternehmen sind in den Vorständen nur 8 Prozent Frauen. Ginge es in diesem Tempo weiter, würde es noch über 60 Jahre dauern, bis die Vorstände gleichmäßig besetzt wären. Im Jahr 2015 waren fast 60 Prozent aller deutschen Unternehmen ohne Frauen in Führungspositionen. Damit sind wir Vizeweltmeister nach Japan. Zum Vergleich: Bei unseren französischen Nachbarn sind es nur knapp 20 Prozent. So bilden sich neue gläserne Decken für Frauen. Klar, sie könnte schwanger werden, sie könnte ausfallen, Ersatz müsste her, der müsste eingearbeitet werden, während sie weiter Geld kostet im Mutterschutz, irgendwann wieder zurückkommt, ein halbes Jahr bleibt, die gesamte neue Software gerade kapiert hat und schon wieder für ein Jahr raus ist, weil das zweite Kind kommt.

Oder sie heiratet und zieht ihrem Mann hinterher in eine andere Stadt, der sowieso dem Gender Pay Gap und Ehegattensplitting sei Dank mehr verdient, und ist auch weg vom Fenster. Man kann also sagen: Frauen in Führungspositionen haben dann beste Chancen, wenn sie leben wie Nonnen.

Entscheidet sich die Frau gegen dieses Leben, kriegt sie spätestens beim Wiedereinstieg nach der Geburt Schwierigkeiten. Ich kenne Bankerinnen, die vor der Schwangerschaft als angesehene Kundenberaterinnen gearbeitet haben, zurückkamen und dann am Schalter landeten – für das gleiche Geld zwar, aber in dem Wissen, dass dieser Downgrade sie früher oder später sowieso kündigen lassen würde. Und so kam es dann auch.

In einer amerikanischen Studie schickten Wissenschaftler zwei Bewerbungen auf eine neue Stelle als Marketingleiterin ein. Die erste Bewerberin war kinderlos, die zweite Mutter, ansonsten war alles identisch. Ergebnis: Die Mutter wurde als weniger engagiert und kompetent eingestuft. Nach Meinung der Personaler sollte sie entsprechend über 10 000 Dollar weniger verdienen pro Jahr.

Ich habe lange darüber nachgedacht, inwieweit eine Frauenquote also sinnvoll ist. Eigentlich widerspricht mir dieser Ansatz: Die Frau, die dank Quote auf einen Posten kommt, wird immer die Quotentante bleiben, die es ohne diese Stützräder des Geschäftslebens sowieso nicht gepackt hätte. Man erwartet ja gar nicht, dass sie gleich freihändig fahren kann wie die Männer, aber einhändig sollte sie doch navigationsfähig sein, wie soll sie sonst anzeigen, dass sie auch mal abbiegen will. Eigentlich halte ich die Quote für eine Diskriminierung der Frauen, sie macht euch zu Wesen, die es aus eigener Kraft nicht packen und darum nur mit der Räuberleiter über die Mauer kommen. Dennoch fürchte ich, mit Blick auf die desaströse Entwicklung der letzten Jahre, dass wir gerade in Deutschland Wände aus Glas errichtet haben, an denen ihr euch nur eine blutige Nase holen könnt. Darum wird, wenn auch nur für eine Übergangszeit, eine Quote leider sinnvoll sein. Unter dem Motto: Es ist nicht gut so, aber es ist besser so. Den Rest erledigt die Natur. Aufgrund des demographischen Wandels und Fachkräftemangels werden sich bald nicht mehr Frauen fragen müssen, ob sie attraktiv genug für ein Unternehmen sind, sondern Unternehmen, ob sie attraktiv genug für Frauen sind. In einer Studie mit 290 börsennotierten Unternehmen kam im Jahr 2012 heraus, dass Firmen, die gemischte Vorstände aus Frauen und Männern hatten, wirtschaftlich erfolgreicher waren. Auch stellen Frauen oft bessere Teams zusammen: Ihr seid als Chefs beliebter und lasst eure Mitarbeiter ihre Arbeit machen. Ihr habt kein Problem damit, dass Männer oft besser verhandeln und oft die besseren Preise bekommen, wie Studien immer wieder gezeigt haben. Je unterschiedlicher und bunter die Menschen sind, die sich in Firmen zusammenfinden, desto erfolgreicher ist in aller Regel das Unternehmen.

Oft kommt ihr euch aber auch selbst in die Quere aufgrund der Fragen, die ihr stellt: Männer fragen auf dem Weg nach oben: «Wie mache ich das?», Frauen fragen: «Wozu mache ich das?» Kriegen wir Männer ein Angebot für die nächste Karrierestufe, gehen wir erst einmal davon aus, dass wir das schon packen werden. Der Rest ergibt sich. Wir sind schließlich dazu da, Herausforderungen zu bestehen. Sollte hinter uns die Welt in Schutt und Asche liegen, waren die anderen schuld. Sind wir erfolgreich, war das doch von Anfang an klar, dass nur wir das konnten! Werden wir zum Stichtag mit einer Aufgabe nicht fertig, reden wir erst einmal breitbeinig eine Stunde über die 20 Prozent, die komplett sind, in der Hoffnung, dass dann schon keiner mehr nach den restlichen 80 Prozent fragen wird. Und wenn doch, wischen wir das kleinkarierte Geschwätz mit einem Verweis auf unseren Vortrag vom Tisch. Habt ihr 80 Prozent eines Projekts fertig, redet ihr erst einmal eine gefühlte halbe Stunde über die 20 Prozent, die fehlen, sodass sich für die Zuhörer auch die vorhandenen 80 Prozent anhören wie 5 Prozent. Wenn es um unsere Erfolge geht, machen wir aus einer Mücke einen Elefanten, ihr schafft es noch immer, aus einem Elefanten eine Mücke zu machen.

Frauenfragen sind: Kann ich das wirklich? Was, wenn nicht? Und vor allem: Passt das wirklich zu meinem Leben und zu mir? Wozu soll es gut sein? Was ist der Preis, den ich zahle, wie hoch ist er, und was gebe ich dafür auf? Ihr stellt zwar die richtigen Fragen, die euch aber nicht weiter nach oben bringen. Das ist bis heute ein tief sitzendes Muster bei Frauen: Sie halten den Chef für kompetenter, was häufig nicht der Fall ist, schließlich stellt er euch ja ein, weil ihr die Expertise auf diesem einen Gebiet habt. Hätten Chefs Detailkenntnis, wären sie nicht Chef. Sie können managen, verwalten, delegieren, sie sind nicht eure Konkurrenz. Der Programmdirektor eines großen deutschen Senders sagte einmal zu mir: «Das ist ein Generalistenjob, keine journalistische Ausbildung dieser Welt bereitet einen auf die Aufgaben vor, die am Ende den Alltag bestimmen.» Das ist ein Job, den man wollen muss – und für Frauen ist er offensichtlich weniger reizvoll. Während Männern in ihrer Mehrheit nach wie vor der Machtgewinn um seiner selbst willen Spaß zu bringen scheint, weil er mehr Geld und mehr Status verspricht, verbinden Frauen mit Macht vor allem Machtmissbrauch als größere Einflussmöglichkeiten.

Psychologen konnten zeigen, dass auch die Herkunft hierbei eine Rolle spielt: Frauen, die mit Brüdern und anderen männlichen Figuren groß wurden, haben später weniger Probleme, Macht auszuüben. Männer, die in Milieus groß wurden, die stärker von Frauen geprägt waren, sind später vorsichtiger.

Hinzu kommt: Bis zur mittleren Ebene werden Mitarbeiter oft mit Hilfe von psychologischen Auswahlverfahren eingestellt. Hier zählt der Panoramablick der Frauen, also der genauere, weitere Überblick, mehr als der männliche Tunnelblick. Je weiter es aber nach oben geht, desto mehr entscheiden Kontakte und Empfehlungen. Spätestens hier greifen alte Muster der Homophilie: Wir umgeben uns privat wie beruflich am liebsten mit Leuten, die so sind wie wir oder uns wenigstens ähnlich sind. So entscheiden sich Männer eher für Männer und Frauen eher für Frauen. Da Letztere in den Vorständen und an anderen Schaltstellen der Macht in der Minderheit sind, bleibt Führung männlich, zumal Männer das Bild von Führung, das sie kennen, weitergeben wollen.

Außerdem haben viele Männer nach wie vor keinen Bock, plötzlich Macht teilen zu müssen. Selbst wir, die durchemanzipierte Jungmännergeneration, fragt sich manchmal ganz leise: Warum müssen ausgerechnet wir die Hälfte des Kuchens abgeben? Rational finden wir das alles richtig und gut – es geht hier nicht um Zutrauen oder Misstrauen in das Können einer Frau, sondern um die Konkurrenzsituation, in der wir uns befinden.

Wenn sich vier Männer und eine Frau um eine Führungsposition bewerben, kriegt die Frau den Job, wenn sie sich nicht vollkommen doof anstellt, sagen Unternehmensberater. Der Druck zur Frauenförderung ist in vielen Unternehmen massiv gestiegen. Das macht uns manchmal aggressiv, obwohl wir selbst wissen, wie anstrengend reine Männerrunden sein können. Aber auch wir sind eine Generation, die noch von Vätern großgezogen wurde, die Erfolg und Misserfolg eines Lebens mit beruflichem Aufstieg gleichsetzen.

Als ich Katharina in ihrer neuen Position beobachtete, hatte ich eher das Gefühl, dass sich ihre Regentschaft kaum von einer männlichen unterschied. Es ist eben bis heute die einzige Regierungsform, die wirklich anerkannt ist und respektiert wird. Sie bediente sich derselben Strategien: Wollte sie mit jemandem nicht sprechen, ließ sie sich verleugnen, rief nicht zurück und hatte bald alle Führungsfloskeln drauf, mit der auch der moderne Manager die Freisetzung der Mitarbeiter begründet. Regieren Frauen nun anders, sogar besser als Männer?

Wirft man einen Blick in die Geschichte, muss man skeptisch werden, ob Frauen wirklich besser führen als

Männer. Königin Elisabeth I. war ähnlich misstrauisch wie Angela Merkel: Sie ließ sich jeden Brief vorlegen, auch jene, die an ihre Minister gehen sollten. Zugleich flirtete sie mit Männern, sodass Gerüchte über uneheliche Kinder und Ausschweifungen entstanden. Sie ritt, jagte und tanzte, liebte schlüpfrige Witze und derbe Komödien. Auf der anderen Seite wurde über den Jordan geschickt, wer störte: Religionsrebellen, Majestätsbeleidiger, Straßenräuber. In 45 Regierungsjahren starben 600 Delinquenten. Das war ihre Art und Weise, den Störenfrieden der eigenen Zeit das «vollste Vertrauen» auszusprechen. Als sie im Alter von 69 Jahren starb, hinterließ sie keinen Erben und blieb bis zuletzt die anbetungswürdige jungfräuliche Königin.

Sie wirkt wie eine frühe Vorfahrin von Claire Underwood. Die Ehefrau des großartig intriganten US-Kongressabgeordneten Frank Underwood in der erfolgreichen Fernsehserie *House of Cards* steuert ihren Mann aus der zweiten Reihe und entscheidet schließlich sogar darüber, ob und wie er US-Präsident werden kann. Es reicht ihr nicht, nur die First Lady zu sein. So inszeniert sie sich als liebende Ehefrau, die den Präsidenten erpresst, sie umschmeichelt die Wähler, deren Grundrechte sie verletzt. Das gelingt ihr nur, weil sie eine Frau ist. Sie nutzt die nette Harmlosigkeit, die Frauen ausstrahlen sollen, und verpackt darin ihren Machthunger, sie ist elegant und gerade darin hoch kontrolliert. Sie behält ständig den Überblick und stellt damit eine Art vollendeter Selbstkontrolle dar.

Carrie Mathison, die Hauptfigur der Serie *Homeland*,

ist der spannendste Spiegel der Frau heute: Sie hat eine bipolare Störung, die sie ihrem Arbeitgeber, der CIA, zunächst verschweigt. In ihrer Angst, nach dem 11. September irgendetwas übersehen zu haben, glaubt sie, einen US-Marineoffizier gefunden zu haben, der zum al-Qaida-Überläufer wurde. Sie hat einen ungeheuren siebten Sinn, es gelingt ihr, in ihrem geniehaften Wahnsinn zu Erkenntnissen zu kommen, die keiner der altgedienten männlichen Agenten, die sie umgeben, je hätte finden können. Mit ihrer eigenen Tochter dagegen kann sie nichts anfangen, die überlässt sie ihrer Schwester. Eine schlechte Mutter als Sympathieträgerin, das ist neu. Und böse ist sie noch dazu, indem der Sex zum Mittel der Ermittlungen wird und Schießbefehle auf Hochzeiten im fernen Pakistan gegeben werden um der Freiheit willen, die es auch erlaubt, Unschuldige zu töten. Von Terror bis Liebe, alles wird hier verhandelt, das Private stürzt ins Politische und umgekehrt. Nur die Wahnsinnigen, die Paranoiden, erzählen uns die Wahrheit über unsere Zeit – und heute halten die Frauen die Fäden in der Hand.

Eine Frau konnte bis dato vielleicht genial sein, garantiert aber wahnsinnig – nur Genie UND Wahnsinn – diese Kombination war uns Männern vorbehalten. Seit Jahrhunderten stehen Frauen unter dem Generalverdacht, irgendwie krank zu sein. Von der Antike bis in Freuds Zeiten hielt sich das Vorurteil, Frauen seien hysterisch, obwohl das weder medizinisch noch psychologisch je eine stichhaltige Diagnose war. Anfangs ging man davon aus, dass eine Gebärmutter, die nicht regelmäßig mit Samen versorgt wurde, im Körper zu wandern beginnt, sich dann im Gehirn festbeißt und zu «hysterischem Verhalten» führt. Spuren dieser idiotischen Ideen finden wir bis heute, wenn es heißt, eine Frau sei nicht durchsetzungsstark, sondern zickig, nicht nervös, sondern hysterisch. Sie hat nicht einfach keinen Hunger, sie muss magersüchtig sein. Alles wird sofort pathologisiert. Das, was Frauen jahrelang als Schwäche ausgelegt, als Unzulänglichkeit vorgeworfen und als Deformation angelastet wurde, wird – zumindest in der erfolgreichen Serie – plötzlich zu ihrem Kapital. Es wirkt wie ein Befreiungsschlag aus der Welt, in der Frauen dazu verdammt waren, das Reine, Schöne und Gute zu vertreten, brav, angepasst und nett zu sein.

Im Handumdrehen werden all die *Sex and the City*-Schuhticks der Lächerlichkeit preisgegeben. Sie wirken vor diesem Panorama wie die belanglosen Spiegel einer lange untergegangenen Zeit, in der das hedonistische Singleleben mit all seinen Wehwehchen das einzige Problem war – in einem scheinbar unschuldigen Zustand, lange vor geplatzten Immobilienblasen, Terroranschlägen und Finanzkrisen. Ein Hort der Harmlosigkeit, als *Fun* noch ein Wort war, das man benutzen konnte, ohne ausgelacht zu werden.

Das Zeitalter der Ambivalenz dagegen bringt neue, dunklere Töne ins Frauenbild: Die Grenzen zwischen gut und böse, richtig und falsch sind ausgelöscht. Es ist das Zeitalter der Marine Le Pens, Beata Szydlos und Beate Zschäpes, in dem Frauen genauso kalt sind wie Männer, aber noch raffinierter die Suche nach Identität, nach Heimat und dem Eigenen instrumentalisieren als Mittel zum

Hass gegen das Fremde: Statt lackierter Fingernägel geht es plötzlich um Krieg und Frieden, statt um «Männerprobleme» um Hass und Gewalt. Niedertracht bei gleichzeitiger Eleganz – die Frau, dieses von Mythen umrankte Wesen, darf endlich böse, gemein und düster sein.

Die Epoche der Verunsicherung, der Angst und der permanenten gefühlten Überlastung, in der Frauen alles können sollen, zeigt im Phantasieraum der Kunst, der schon immer die abgesicherte Probebühne des Lebens war: Frauen können grausamer sein als Männer. Sex, Eleganz und Intelligenz, eben die Mittel, mit denen sie sonst kleingehalten werden sollten, lassen sie erst über sich hinauswachsen.

Das wirkt wie ein Aufschrei gegen das Stereotyp vom durchsetzungsstarken, bösen Mann und der guten, moralisch höher stehenden Frau, das in den Geburtsstunden der abendländischen Moderne im 18. Jahrhundert entstanden war. Von nun an war es Aufgabe der Frauen, das Zuhause schön zu machen und ihn in seiner seltsamen Triebhaftigkeit halbwegs zu zähmen. Während er an der Front kämpfte, stiftete sie Geselligkeit.

Paradoxerweise war es gerade ihre moralische Überhöhung, die den Frauen die politische Macht nahm. Selbst nachdem Frauen das Wahlrecht hatten, 1918 in Deutschland, 1928 in Großbritannien und schließlich 1944 auch in Frankreich, tat sich nichts. Fast 200 Jahre lang blieb die politische Macht frauenfreie Zone. Selbst in den ersten sieben Jahrzehnten des 20. Jahrhunderts haben Frauen nur dort Macht, wo die alten Dynastien weiterleben. Die ersten demokratisch gewählten Regierungschefinnen waren 1960 auf Sri Lanka, gefolgt von Indira Gandhi in Indien, später Isabel Péron in Argentinien. Alle waren Töchter oder Witwen großer Staatsmänner. Oft haben sie nur symbolische Macht – es ist Feudalismus in demokratischem Gewand. Das zeigt sich bis heute an den mächtigsten Frauen in Deutschland: Friede Springer und Liz Mohn, beide sind die früheren Geliebten und späteren Ehefrauen der alten Patriarchen. Friede Springer, die fünfte und letzte Ehefrau des Firmengründers Axel Springer, sagt über sich in einem Interview mit dem *Hamburger Abendblatt*: «Ich bin ein Produkt Axel Springers. (…) Er hat mich geschaffen und gemacht.»

Personalberater empfehlen Frauen, im Zweifel mit dem strengen Mutterblick zu arbeiten – den hassen Männer. Ich kann aus eigener Erfahrung sagen: Das wirkt! Außerdem solltet ihr euch am besten so kleiden wie Angela Merkel, so die Empfehlungen der Berater weiter. Angela Merkel? Es lohnt sich offensichtlich, auf diese Frau noch einmal genauer zu schauen.

Angela Merkel –
die Helene Fischer der Politik

Am Anfang wollte sie den Männern die Angst nehmen, indem sie sich mit Schürze am Herd fotografieren ließ und in Interviews vom Einkaufen und Waschen erzählte. Erst als Margaret Thatcher regierte, wurde sie zur Eisernen Lady und versuchte, Männer zu imitieren. Bei Angela Merkel, in den letzten 12 Jahren zur mächtigsten Frau der

Welt geworden, liegen die Dinge ein wenig anders: Merkel versuchte von Anfang an, ihr Geschlecht keine Rolle zu spielen zu lassen. Ihre immer gleichen Anzüge, die sich nur in Farbe und Anlass unterscheiden, machen sie so unverwechselbar wie gesichtslos. Ihre Erscheinung, ihre Gesten, alles wirkt so, als wolle sie sagen: Biologisch mag ich eine Frau sein, aber das darf keine Rolle spielen. Sie ist damit der Prototyp der Frau, den der Feminismus am Reißbrett immer entworfen hat. Simone de Beauvoir schrieb den legendär gewordenen Satz: «Man kommt nicht als Frau zur Welt, man wird dazu gemacht.» Es war ein Aufstand gegen die biologistische Sicht, dass Frauen einfach dazu gemacht seien, den Haushalt zu schmeißen und sich dem Mann unterzuordnen. Angela Merkel ist die Verkörperung eines Zeitalters, in dem Fragen des Geschlechts, ihrer Zuschreibung und der damit verbundenen Verkleinerung, Festlegung und Unterwerfung unter ein Bild von Weiblichkeit keine Rolle mehr spielen. Mag sein, dass sie in den Hinterzimmern der Macht durchaus Weiblichkeit und Charme auszuspielen wusste und die sonst eher männlich dominierten Runden auch durch den gezielten Einsatz von Weiblichkeit an die Wand spielen konnte. Es dürfte aber weit entfernt sein vom tumben Rehaugenaufschlag, den manche Frauen sonst gerne einsetzen, wenn sie sich die Sympathie von Männern sichern wollen.

Merkel gilt als misstrauisch. Der innerste Kreis im Kanzleramt war immer mit Frauen besetzt, es herrscht akuter Testosteron-Mangel, aber auch wenig Geltungs- und Konfliktlust. Effizienz schlägt Konkurrenz. Zugleich kann sie auf diese fast stille Art eiskalt sein. Wenn sie Männer absägte, dann klug, entschlossen und vor allem leise. Kein Gerangel, keine öffentlichen Hahnenkämpfe, keine Zurechtweisungen, kein Zickenkrieg. Wulff, Oettinger, Franz-Josef Jung und Konsorten können ein Lied davon singen. Nie wurde sie laut, nie gab es einen Skandal, nie einen laut ausgetragenen Streit, keine hektischen Positionswechsel. Was entschieden wurde, wurde nach langem Abwägen, was oft als Zaudern erschien, endgültig entschieden, im Zweifel auch ohne Rücksicht auf die Positionen der eigenen Partei, wie sich bei allen großen Entscheidungen ihrer Kanzlerschaft gezeigt hat: Atomausstieg, Mindestlohn, Wehrpflicht, Flüchtlinge. Jedes Mal gelang es ihr im richtigen Moment, durch eine scheinbar überraschende, aber doch wohlüberlegte Entscheidung die ganze Partei kaltzustellen und in Duldungsstarre zu versetzen. Alle ihre großen Moves waren meist gegen die Parteilinie und die Auffassung der Mehrheit ihrer Mitglieder gerichtet und trotzdem erfolgreich. Ein konservativer Männerverein hält die Klappe, lässt eine Frau machen und ist lieber mit der Falschen an der Macht als mit dem vermeintlich Richtigen kaltgestellt in der Opposition. Es zeigt sich hier, was in vielen Studien belegt werden konnte: dass Männer stärker bereit sind, einer Frau zu folgen, sie als Alphatier zu akzeptieren, als Frauen. Solange Männer das Gefühl haben, dass sich für sie nichts ändert, dass sie nicht absteigen und auch sonst nichts fürchten müssen, schlucken sie sehr viel – auch eine Frau, die alles tut, was ihren Überzeugungen widerspricht. Merkel beweist, bei allem Alphagehabe sind wir

Männer doch sehr belastbare, geduldige und zähe Tiere, sofern man uns nur mit dem Versprechen des prinzipiellen Statuserhalts becirct.

Vieles mag eine Charakterfrage sein, die unabhängig ist vom Geschlecht. Zugleich aber mag eine gewisse weibliche Uneitelkeit eine Rolle spielen, die Fähigkeit, sich zurückzunehmen, vernetzter zu denken, weniger egoman an den Stäben des Amts rütteln zu wollen. Während Gerhard Schröder oder Helmut Kohl noch mit körperlichen Angriffen auf eierwerfende Demonstranten (Kohl) oder «Hol mir mal 'ne Flasche Bier!»-Ausrufen (Schröder) auffielen, irritiert Merkel mit Teflonstatements. Sie ist die perfektionierte Kontrolle. Sie ist keine mitreißende Rednerin, also versucht sie es auch nicht zu sein. Sie hat einen trockenen, oft ironischen Humor, den sie in Interviews punktuell aufblitzen lässt, aber auch hier nur wohldosiert.

Merkel wirkt wie das perfektionierte fehlerfreie Produkt einer Frau heute. Sie wirkt wie eine, die es geschafft hat, allen Fettnäpfchen auszuweichen, die für Frauen auf dem Weg nach oben warten können. Das Ergebnis ist zwar kondensierte Langeweile, aber eben auch ein Gefühl von Verlässlichkeit. Kein Skandal, keine Irritation, nichts. Man könnte sagen: Merkel ist die Helene Fischer der Politik.

Diese beiden mächtigen Frauen – die eine politisch, die andere kulturell – flankieren das Bild der Frau der Gegenwart und ergänzen sich. Ohne Zweifel gibt es zunächst eine Menge Unterschiede: Fischer ist eine Diva, spielt mit ihrem Äußeren, was Merkel gezielt vermeidet. Fischer steht für den Inbegriff der glatten fotogenen Schönheit, Merkel weiß hier um ihre Grenzen. Aber das sind Nebensächlichkeiten im Vergleich zu dem, was beide verbindet. Beide nahmen ihren Genres den Mief, Merkel der Männerpartei CDU und Helene Fischer dem Schlager. Merkel gelang es, irgendwann sogar linke Journalisten zum Applaus für ihre Politik zu bewegen, und Helene Fischer holte den Schlager aus der verspießerten Oma-Ecke, dem immer noch ein reaktionärer, wenn nicht faschistischer Kern unterstellt wurde. Beide überragen im Können viele ihrer Mitstreiter – Merkels hohe Intelligenz ist unbestritten, und Helene Fischers Stimme ist bedeutend besser als die manch anderer Schlagerstars. Beide sind kinderlos, beide schützen ihr Privatleben, beide sind mit ebenfalls erfolgreichen Männern zusammen. Joachim Sauer ist eine Koryphäe in der Quantenchemie, Florian Silbereisen, bei aller inhaltlichen Befremdung, einer der Top-Entertainer des Landes. Beide agieren kontrolliert und fehlerfrei: Fischers Shows sind durchchoreographiert bis ins letzte Detail, nichts wird dem Zufall überlassen. Ihre Betriebstemperatur ist immer gleich, professionell und freundlich. Sie wird von einem Team um sich herum hermetisch abgeschirmt wie Merkel. Interviews gibt sie selten und wenn, sind sie ähnlich belanglos wie die von Merkel. Bloß kein Fehltritt, bloß nichts, was das perfekte Image stören könnte.

Beide gehen zugleich über ihre Genres hinaus – Fischer bietet bei ihren Konzerten weit mehr als Schlager, plötzlich covert sie Van Halen, Daft Punk und Prince. Diese fröhliche Mischung von Stilen und Formen korrespondiert mit Angela Merkels Formel aus dem Jahr 2011 bei *Anne Will*: «Mal bin ich liberal, mal bin ich konservativ, mal bin ich christlich-sozial.» Selbst das, was einem Mann noch als Unzuverlässigkeit und Sprunghaftigkeit ausgelegt würde, ist hier Ausdruck einer ungeheuren Flexibilität, die einfach angemessen ist, selbst hier vollführt sie einen federleichten Tanz der Anpassung an das Notwendige, der jedem Mann als positionsloses und haltungsfreies Stolpern ausgelegt würde. Merkel hat es geschafft, die CDU nach links zu schieben und sie trotzdem komplett in der Hand zu haben. Es gibt keinen Nachfolger und keine Nachfolgerin, es gibt nur sie. Die Message ist: Entweder ihr unterstützt mich, oder ihr stürzt ins Chaos wie die SPD in der Post-Schröder-Ära. Und neben Helene Fischer wirken alle anderen Stars der Branche klein wie verglühende Sternchen.

So wie Merkel zu wolkigen Formulierungen neigt, liebt Helene Fischer das Vorübergehende. War der Schlager früher getragen von Schmonz und Schmu, vom heimeligen Kitsch des Lagerfeuers in der verschneiten Berghütte, dem Idyll des Lands und der heilen Familienwelt, erzählt Helene Fischer in ihren Texten auf der Höhe der Zeit von den Leiden und Nöten ihrer Generation. Auch der Schlager-Ultra hat Bindungsängste und leidet unter Patchwork und den Schwierigkeiten der seriellen Monogamie. «Es wäre besser für uns beide, wenn wir uns nicht mehr sehn, denn dass das so tief geht, hab ich nicht kommen sehn.» Verhandelt wird exakt die Ambivalenz zwischen Autonomie und Anerkennung, die Eva Illouz beschrieben hat. Lieber bleibe ich allein, bevor es zu tief geht, Verletzung droht und der eigene Adlerhorst verlassen werden müsste. Die eigene Bastion als letzte Quelle der Verlässlichkeit muss verteidigt werden bis zum letzten Gefecht. Jede emotionale Herausforderung wird zum störenden Angriff und muss mit den Waffen der Selbstversicherung bekämpft werden. Treue hält man nur noch sich selbst.

Helene Fischer ist in ihren Texten die personifizierte Bindungsangst der Gegenwart. Erstaunlich oft geht es um Trennung, nie um Trennungsschmerz: Auch das Schlussmachen ist stets Befreiung und geht von ihr aus, nie von ihm, genau wie im richtigen Leben. Aber nicht einfach so, nein, es wird noch einmal eine letzte gemeinsame Nacht gefeiert – wobei nur sie weiß, dass es die letzte sein wird: «Der letzte Tanz in deinem Arm wird wie der erste sein, wie damals sag ich heute Nacht, schenk mir noch mal ein.» Abgesehen davon, dass das «Schenk mir noch mal ein» so zweideutig ist, dass es jedem Mann als plattester Sexismus um die Ohren gehauen würde, beweist Helene Fischer: Es ist die Frau, die das Ende bestimmt und ihn noch einmal nach allen Regeln der weiblichen Verführungskunst an den Rand der Ekstase bringt. Hier trifft sie sich mit Adele, der britischen Helene Fischer. Bei fast allen ihren Hits geht es um Lover und Lebensabschnittsgefährten, die sie loswerden muss oder zur Hölle jagen will, weil sie es einfach nicht bringen. Die sexuelle Befreiung, das neue Selbstbewusstsein der Frauen im Bett, das Psychologen konstatieren, spiegelt sich in den Hits der erfolgreichsten Frauen der Zeit.

Auffällig dabei ist, dass es immer darum geht, die Oberhand und die Kontrolle zu behalten. Selten geht es der Frau schlecht, sie empfindet das Ende meist als überfälligen Befreiungsschlag. Die einzige Frage ist: Warum habe ich das nicht schon viel früher getan? Die *lame duck*, genannt Mann, muss erlöst werden, indem man ihn erlöst und das geht nur, indem Frau sich von ihm löst.

Ihr, die Frauen, entscheidet: Wen ihr nehmt und wen ihr ablehnt, wann ihr kommt und wann ihr geht – und auch, was man dazwischen so macht. Im besseren Fall guckt man zusammen *Homeland* oder *House of Cards*, hört *Travis* und von mir aus auch *Beyoncé*. Im schlimmsten Fall geht man auf Helene-Fischer-Konzerte.

NACHWORT

Liebe Frauen,

für dieses Buch habe ich unzählige Gespräche geführt. Mit Müttern, mit Feministinnen, mit Singles und Frauen in Paarbeziehungen. Ich war bei Alice Schwarzer und mit Boris im Zug, habe Texte und Bücher gelesen und zahlreiche Artikel zum Thema gefunden. Bin ich jetzt schlauer? Zumindest habe ich eine Ahnung bekommen, was Multitasking, wenn es diesen überstrapazierten Begriff überhaupt gibt, eigentlich heißt. Ihr schafft offensichtlich den Spagat zwischen Kinder und Job, zwischen Haushalt und Meeting, zwischen sorgender Ehefrau und wilder Geliebten. Aber immer bin ich auf eine riesige Unzufriedenheit gestoßen: Ihr findet euch zu dick, zu dünn, zu pink, zu wenig sexy oder zu sehr. Ihr arbeitet zu viel oder zu wenig, ganz oder gar nicht.

Je größer scheinbar das Spektrum der Möglichkeiten wird, desto enger werden die Grenzen der Erwartungen. Du hast alle Optionen, also verhalte dich so, wie es erwünscht ist! Das ist die Paradoxie unserer Zeit. Sheryl Sandberg von *Facebook* sagt, ihr solltet euch schleunigst Männer suchen, die eure Wäsche aufhängen. Das sagt die Frau, die zu dem einen Prozent der Weltbevölkerung gehört, die mehr als die Hälfte des weltweiten Vermögens besitzt und ein Unternehmen leitet, das am liebsten die Weltherrschaft hätte – und sie faktisch auch hat – dessen einziges Ziel Gewinn ist. Häng dich rein oder, wenn du ein Typ bist, die Wäsche auf, aber so, wie ich es dir sage.

Vielleicht könnt ihr ja in manchen Momenten auch etwas von uns Männern lernen. Einfach mal sagen «Wird schon!», einfach mal abwarten und nicht sofort eine Lösung für jedes Problem haben müssen. Weniger kann auch mehr sein – und zwar nicht, indem ihr die nächste Diät plant, sondern indem ihr den Highspeed aus eurem Leben nehmt. Das macht euch interessanter, spannender und attraktiver. Und ihr motiviert damit auch uns Männer, weil ihr mal wirklich Aufgaben abgebt, uns zeigen lasst, was wir können und wollen, und nicht nur als Geschirrspülmaschinen-Voreinräumer missbraucht.

Es macht auch viel mehr Spaß, einer Frau ein Kompliment zu machen, die nicht sofort mit einem Mangel widerspricht, warum das doch alles gar nicht so rosig ist, wie wir glauben.

Nicht ganz so verbissen perfekt sein zu wollen, das wäre schon viel. Ihr seid spannend, so wie ihr seid, habt Interessen und Hobbys, von denen wir Männer nur träumen, behaltet im Job und im Liebesleben in der Regel den Überblick und seht in den meisten Klamotten, die *Zalando* euch bringt, wunderbar aus. Ihr müsst nichts bereuen und zurückschicken. Hört auf, drei Salatblätter zu bestellen, das ist nicht attraktiv, sondern anstrengend.

Und bitte, versucht nie wieder, fehlerfrei zu sein. Auf

dem Drahtseil der Fehlerangst kann man nur balancieren, aber nicht tanzen. Wer tanzen will, muss das Drahtseil gegen den festen Boden unter den Füßen eintauschen. Aber dann kann es ein rauschendes Leben werden. Denn nichts ist spannender und schöner als eine tanzende Frau, die loslassen kann.

Euer

DANKSAGUNG

Dieses Buch verdanke ich – Überraschung – Frauen! Als Scheidungskind wuchs ich bei Mutter und Großmutter auf. Den beiden gilt also mein erster Dank. Mein Team besteht fast komplett aus Frauen, die in der Zeit der Entstehung dieses Buchs geheiratet und sich wieder getrennt haben, die Kinder bekommen und aufgezogen haben. Der Stoff für diesen Text lag also quasi vor meinen Augen. Möglich wurde das Buch durch die Anregung meiner Verlegerin Barbara Laugwitz, die von Anfang an daran geglaubt hat.

Ich bedanke mich bei Julia Vorrath, die mich als Lektorin hart, aber herzlich, und auch in den längsten Nachtschichten voller Geduld, Nachsicht und mit kritischem, produktivem Widerspruch ermuntert hat.

Darüber hinaus ein großes Dankeschön an meine Managerin Susanne Herbert, ohne deren bedingungslose Unterstützung seit Jahren nicht eine Zeile entstanden wäre. Danke an Andy Hartard, die diesem Text durch Redaktion, Anteilnahme und immer wieder kritischem Insistieren sehr geholfen hat und verhinderte, dass ich mich zu sehr vergaloppiert habe. Am liebsten mochte ich die Randnotiz: «I'm lost!»

Außerdem ein Dank an so viele Leute, die vielleicht gar

nicht wissen, wie wichtig sie waren: der Frau im orangen Hoodie aus dem Zug, deren Namen ich bis heute nicht kenne, Boris für eine Zugfahrt von Münster nach Bremen, Alice Schwarzer für einen unvergesslichen Abend in Berlin, außerdem ganz besonderer Dank Nina, Karin, Franziska, Yvonne, Sarah, Julia, Cornelia, Pia, Jonathan und Martin. Verdammt, jetzt haben es zum Schluss doch noch drei Männernamen in diesen Dank geschafft. Verrückte Welt.

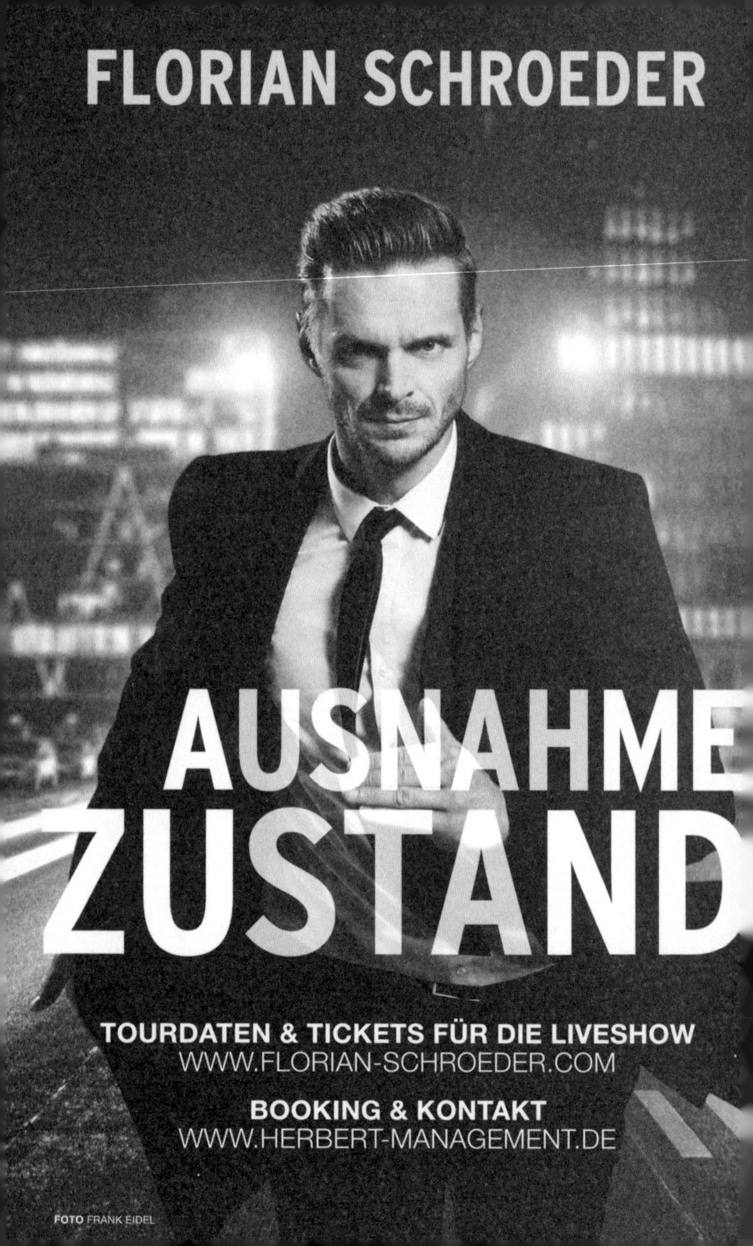